BIBLIOTHÈQUE

DE LA

JEUNESSE CHRÉTIENNE

APPROUVÉE

PAR Mgr L'ARCHEVÊQUE DE TOURS

Propriété des Éditeurs,

LES INCAS

OU

LA DESTRUCTION DE L'EMPIRE DU PÉROU

PAR MARMONTEL

REVU PAR UNE SOCIÉTÉ D'ECCLÉSIASTIQUES

6e ÉDITION

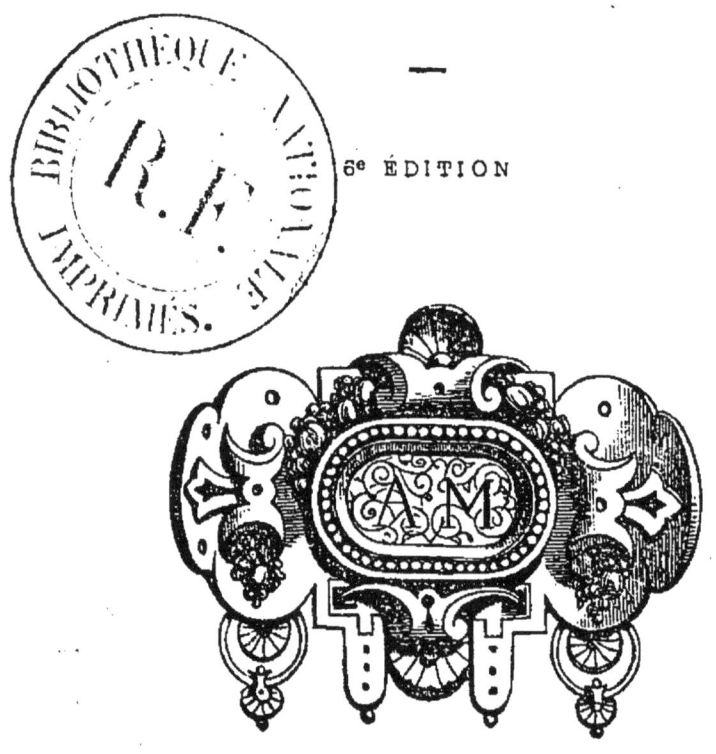

TOURS

Aᴰ MAME ET Cⁱᵉ, IMPRIMEURS-LIBRAIRES

1851

NOTICE SUR MARMONTEL.

Jean-François Marmontel naquit le 11 juillet 1723, à Bort, petite ville du Limousin, de parents d'une condition obscure et peu favorisés de la fortune. Comme il annonçait d'heureuses dispositions, ils s'imposèrent des sacrifices pour lui procurer le bienfait d'une bonne éducation. Un prêtre lui donna gratuitement les premières leçons de latin. Le jeune Marmontel alla ensuite faire ses humanités dans un collége de jésuites, à Maurice en Auvergne. Son père, qui le destinait au commerce, le plaça chez un négociant de Clermont; mais le jeune Marmontel, entraîné par son goût pour l'étude, se rendit à Toulouse avec projet d'entrer dans la société des jésuites. Ses talents s'y développèrent avec éclat, et il fut nommé professeur suppléant de philosophie dans un séminaire de bernardins. Il s'acquitta de cette charge de manière à se faire remarquer. Il se fit connaître bientôt après avec plus d'avantage par plusieurs pièces qui furent couronnées aux *Jeux Floraux*. Jusque-là Marmontel avait paru décidé à embrasser l'état ecclésiastique; mais les rapports qu'il eut avec Voltaire, auquel il avait dédié ses premiers opuscules, ne fortifièrent pas sans doute sa vocation. Ce philosophe l'appela à Paris en 1745, et Marmontel, fier d'un tel appui au moment où il entrait dans la carrière des lettres, n'hésita pas à se rendre à ses invitations. Après avoir composé plusieurs morceaux de poésie, qui furent couronnés par l'Académie française, Marmontel fit jouer des tragédies qui obtinrent le suffrage du public. Ce succès ayant établi la réputation littéraire de l'auteur, il obtint par la protection de Mme de Pompadour la place de secrétaire des bâtiments, et bientôt après une pension de 1,500 livres. L'Académie lui ouvrit ses portes en 1763 ; il en était secrétaire perpétuel, en remplacement de d'Alembert, depuis 1783, au moment où les troubles révolutionnaires vinrent à éclater. Marmontel, imbu des principes de la philosophie, adopta ceux de la révolution. Mais lorsqu'il entendit l'orage gronder avec violence, lorsqu'il vit le trône près de s'écrouler sous les coups des factieux, il crut devoir quitter la capitale livrée à l'anarchie, et il se fixa en Normandie avec son épouse. Ayant perdu ses moyens d'existence, il se vit réduit à la détresse ; et déplorant les funestes effets des principes qu'il avait professés, il sut profiter de cette leçon de l'expérience et apprécier à leur juste valeur les audacieuses théories du philosophisme. Il mourut d'apoplexie le 31 décembre 1799.

Parmi les nombreux ouvrages sortis de la plume de cet écrivain célèbre, on doit citer les *Contes Moraux*, les *Incas*, les *Éléments de littérature*, *Bélisaire*, etc.... Ce dernier ouvrage a été condamné par la Sorbonne, à cause des principes philosophiques que l'auteur y a semés, et qu'il serait facile de faire disparaître. Quant aux *Incas*, voici ce qu'en dit la Harpe dans son Cours de littérature : « Quand l'illustre Fénélon donna son *Télé-*

maque, l'ouvrage du dernier siècle où la prose française eut le plus de douceur et de charme, il ne l'appela ni poëme ni roman: il laissa à son lecteur le soin d'intituler son livre, prenant sur lui le soin de le faire bon; et la postérité l'a nommé un ouvrage charmant. Cet exemple peut suffire pour justifier M. Marmontel, qui dit lui-même dans sa préface: « Quant à la forme de cet ouvrage, considéré comme production littéraire, je ne sais, je l'avoue, comment le définir. Il y a trop de vérité pour un roman, et pas assez pour une histoire. Je n'ai certainement pas eu la prétention de faire un poëme. Dans mon plan, l'action principale n'occupe que très-peu d'espace, tout s'y rapporte, mais de loin. C'est donc moins le tissu d'une fable que le fil d'un simple récit, dont le fond est historique, et auquel j'ai entremêlé quelques fictions compatibles avec la vérité des faits. »

« On peut donc regarder les Incas comme une espèce de roman poétique qui a l'histoire pour fondement et la morale pour but. Ce serait une vraie chicane de lui demander précisément ce qu'il a voulu faire, et il lui suffirait de répondre : J'ai voulu instruire et intéresser. Nous ajouterons qu'on ne pouvait choisir un sujet plus riche et plus propre à remplir ces deux objets.

« Le livre des Incas est rempli de beautés supérieures, et, en général, la peinture de ces événements extraordinaires qui firent tomber devant une poignée d'Espagnols les empires du Mexique et du Pérou, est tracée avec énergie, avec noblesse, avec intérêt. On reproche à l'auteur le très-grand nombre de vers accumulés dans sa prose; mais cette prose est éloquente; elle offre des traits frappants dans tous les genres, on y retrouve la morale, l'élévation et le pathétique qui ont fait le succès de Bélisaire, et le livre des Incas sera regardé comme un des monuments distingués de notre littérature, lorsque, après la voix tumultueuse des partis qui la divisent, il ne restera que le jugement tranquille des lecteurs impartiaux à qui les défauts ne ferment pas les yeux sur les beautés, et qui, se permettant d'apprécier les uns, sont encore plus jaloux de jouir des autres. »

Nous avons retranché avec soin, sans diminuer l'intérêt du livre, tout ce qui pouvait porter atteinte à la religion ou aux bonnes mœurs, et la jeunesse qui veut nourrir son esprit sans empoisonner son cœur y trouvera des lectures utiles et agréables.

LES INCAS

CHAPITRE I.

Description du royaume des incas. — Fête du Soleil à l'équinoxe d'automne. — Les enfants nouveau-nés sont reçus sous la tutelle des lois. — Sacrifice, festin et jeux. — Présages funestes. — Arrivée des Mexicains fugitifs qui demandent un asile à l'inca.

L'empire du Mexique était détruit; celui du Pérou florissait encore; mais, en mourant, l'un de ses monarques l'avait partagé entre ses deux fils. Cusco avait son roi, Quito avait le sien. Le fier Huascar, roi de Cusco, avait été cruellement blessé d'un partage qui lui enlevait la plus belle de ses provinces, et ne voyait dans Ataliba qu'un usurpateur de ses droits. Cependant un reste de vénération pour la mémoire du roi son père réprimait son ressentiment; et, au sein d'une paix trompeuse et peu durable, tout l'empire allait célébrer la grande fête du Soleil.

Le jour marqué pour cette fête était celui où le dieu des incas, le Soleil, en s'éloignant du nord, passait sur l'équateur, et se reposait, disait-on, sur les colonnes de ses temples. La joie universelle annonce l'arrivée de ce beau jour; mais c'est surtout dans les murs de Quito, dans ses délicieux vallons, que cette sainte joie éclate. De tous les climats de la terre, aucun ne reçoit du soleil une si favorable et si douce influence; aucun peuple aussi ne lui rend un hommage plus solennel.

Le roi, les incas et le peuple, sur le vestibule du temple où son image est adorée, attendent son lever dans un religieux silence. Déjà l'étoile de Vénus, que les Indiens nomment *l'astre à la brillante chevelure*, et qu'ils révèrent comme le favori du soleil, donne le signal du matin. A peine ses feux argentés étincellent sur l'horizon, un doux frémissement se fait entendre autour du temple. Bientôt l'azur du ciel pâlit vers l'orient; des flots de pourpre et d'or peu à peu s'y répandent, la pourpre à son tour se dissipe; l'or seul, comme une mer brillante, inonde les plaines du ciel. L'œil attentif des Indiens observe ces gradations, et leur émotion s'accroît à chaque nuance nouvelle. On dirait que la naissance du jour est un prodige nouveau pour eux, et leur attente est aussi timide que si elle était incertaine.

Soudain la lumière à grands flots s'élance de l'horizon vers les voûtes du firmament; l'astre qui la répand s'élève, et la cime du Cayambur est couronnée de ses rayons. C'est alors que le temple s'ouvre, et que l'image du Soleil, en lames d'or, placée au fond du sanctuaire, devient elle-même resplendissante à l'aspect du dieu qui la frappe de son immortelle clarté. Tout se prosterne, tout l'adore, et le pontife, au milieu des incas et du chœur des vierges sacrées, entonne l'hymne solennel, l'hymne auguste, qu'au même instant des millions de voix répètent, et qui, de montagne en montagne, retentit des sommets de Pambamarca jusque par delà le Potose.

Le premier des incas, fondateur de Cusco, avait institué en l'honneur du Soleil quatre fêtes qui répondaient aux quatre saisons de l'année; mais elles rappelaient à l'homme des objets plus intéressants : la naissance, le mariage, la paternité et la mort.

La fête qu'on célébrait alors était celle de la naissance, et les cérémonies de cette fête consacraient l'autorité des lois, l'état des citoyens, l'ordre et la sûreté publique.

D'abord il se forme autour de l'inca vingt cercles de jeunes époux qui lui présentent, dans des corbeilles, les enfants nouvellement nés. Le monarque leur donne le salut paternel. « Enfants, dit-il, votre père commun, le fils du Soleil, vous salue. Puisse le don de la vie vous être cher jusqu'à la fin! puissiez-vous ne jamais pleurer le moment de votre naissance! Croissez pour m'aider à vous faire tout le bien qui dépend de moi, et à vous épargner ou adoucir les maux qui dépendent de la nature. »

Alors les dépositaires des lois en déploient le livre auguste. Ce livre est composé de cordons de mille couleurs; des nœuds en sont les caractères, et ils suffisent à exprimer des lois simples comme les mœurs et les intérêts de ces peuples. Le pontife en fait la lecture; le prince et les sujets entendent de sa bouche quels sont leurs devoirs et leurs droits.

La première de ces lois leur prescrit le culte. Ce n'est qu'un tribut solennel de reconnaissance et d'amour: rien d'inhumain, rien de pénible; des prières, des vœux et quelques offrandes pures, des êtres où la piété se concilie avec la joie: tel est ce culte.

La seconde loi s'adresse au monarque: elle lui fait un devoir d'être équitable comme le soleil, qui dispense à tous sa lumière; d'étendre comme lui son heureuse influence, et de communiquer à ce qui l'environne sa bienfaisante activité; de voyager dans son empire, car la terre fleurit sous les pas d'un bon roi; d'être accessible et populaire, afin que sous son règne l'homme injuste ne dise pas: *Que m'importent les cris du faible!* de ne point détourner la vue à l'approche des malheureux; car, s'il est affligé d'en voir, il se reprochera d'en faire; et celui-là craint d'être bon, qui ne veut pas être attendri. Elle lui recommande un amour généreux, un saint respect pour la vérité, guide et conseil de la justice, et un mépris mêlé d'horreur pour le mensonge, complice de l'iniquité. Elle l'exhorte à conquérir, à dominer par les bienfaits, à épargner le sang des hommes, à user de ménagement et de patience envers les rebelles, de clémence envers les vaincus.

La même loi s'adresse encore à la famille des incas : elle les oblige à donner l'exemple de l'obéissance et du zèle, à user avec modestie des priviléges de leur rang, à fuir l'orgueil et la mollesse, car l'homme oisif pèse à la terre, et l'orgueilleux la fait gémir.

La troisième imposait au peuple le plus inviolable respect pour la famille du Soleil, une obéissance filiale envers celui de ses enfants qui régnait sur eux en son nom, et un dévouement religieux au bien commun de son empire.

Après cette loi venait celle qui cimentait les nœuds du sang et de l'hymen, et qui, sur des peines sévères, assurait la foi conjugale et l'autorité paternelle, les deux supports des bonnes mœurs.

La loi du partage des terres prescrivait aussi le tribut. De trois parties égales du terrain cultivé, l'une appartenait au Soleil, l'autre à l'inca, et l'autre au peuple. Chaque famille avait son apanage, et plus elle croissait en nombre, plus on étendait les limites du champ qui devait la nourrir. C'est à ces biens que se bornaient les richesses d'un peuple heureux. Il possédait en abondance les plus précieux des métaux, mais il les réservait pour décorer ses temples et les palais de ses rois. L'homme, en naissant, doté par la patrie, vivait riche de son travail, et rendait en mourant ce qu'il avait reçu. Si le peuple, pour vivre dans une douce aisance, n'avait pas assez de ses biens, ceux du Soleil y suppléaient.

La loi du tribut n'exigeait que le travail et l'industrie. Ce tribut se payait d'abord à la nature : jusqu'à cinq lustres accomplis le fils se devait à son père et l'aidait dans tous ses travaux. Les champs des orphelins, des veuves, des infirmes, étaient cultivés par le peuple : au nombre des infirmités était comprise la vieillesse. Les pères qui avaient la douleur de survivre à leurs enfants ne languissaient pas sans secours ; la jeunesse de leur tribu était pour eux une famille ; la loi les consolait du malheur de vieillir. Quand le soldat était sous les armes, on cultivait pour lui son champ ; ses enfants jouissaient du droit des orphelins, sa femme de celui des veuves ; et s'il mourait dans les combats, l'État lui-même prenait pour eux les soins d'un père et d'un époux.

Le peuple cultivait d'abord le domaine du Soleil, puis l'héritage de la veuve, de l'orphelin et de l'infirme ; après cela, chacun vaquait à la culture de son champ. Les terres de l'inca terminaient les travaux : le peuple s'y rendait en foule, et c'était pour lui une fête. Paré comme aux jours solennels, il remplissait l'air de ses chants.

La tâche des travaux publics était distribuée avec une équité qui la rendait légère. Aucun n'en était dispensé ; tous y apportaient le même zèle. Les temples et les forteresses, les ponts d'osier qui traversaient les fleuves, les voies publiques qui s'étendaient du centre de l'empire jusqu'à ses frontières, étaient des monuments, non pas de servitude, mais d'obéissance et d'amour. Ils ajoutaient à ce tribut celui des armes, dont on faisait d'effrayants amas pour la guerre : c'étaient des haches, des massues, des lances, des flèches, des arcs, de frêles boucliers : vaine défense, hélas ! contre ces foudres d'Europe qu'ils virent bientôt éclater !

Tout dans les mœurs étaient réduit en lois : ces lois punissaient la paresse et l'oisiveté comme celles d'Athènes ; mais en imposant le travail elles écartaient l'indigence ; et l'homme, forcé d'être utile, pouvait du moins espérer d'être heureux.

La loi, qui faisait grâce aux enfants encore dans l'âge de l'innocence, portait sa rigueur sur les pères, et punissait en eux le vice qu'ils avaient nourri ou qu'ils n'avaient point étouffé. Mais jamais le crime des pères ne retombait sur les enfants : le fils du coupable puni le remplaçait sans honte et sans reproche ; on ne lui en retraçait l'exemple que pour l'éviter.

Après la lecture des lois, le monarque, levant les yeux au ciel : « O Soleil, dit-il, ô mon père ! si je violais tes lois saintes, cesse de m'éclairer ; commande au ministre de ta colère, au terrible *Illapa*, de me réduire en poudre, et à l'oubli, de m'effacer de la mémoire des mortels. Mais si je suis fidèle à ce dépôt sacré, fais que mon peuple, en m'imitant, m'épargne la douleur de te venger moi-même ; car le plus triste des devoirs d'un monarque, c'est de punir. »

Alors les incas, les caciques, les juges, les vieillards députés du peuple, renouvellent tous la promesse de vivre et de mourir fidèles au culte et aux lois du Soleil.

Les surveillants s'avancent à leur tour : leur titre annonce l'importance des fonctions dont ils sont chargés : ce sont les envoyés du prince qui, revêtus d'un caractère aussi inviolable que la majesté même, vont observer dans les provinces les dépositaires des lois, voir si le peuple n'est point foulé ; et au faible à qui le puissant a fait injure ou violence, à l'indigent qu'on abandonne, à l'homme affligé qui gémit, ils demandent : *Quel est le sujet de ta plainte? Qui cause ta peine et tes pleurs?* Ils avancent donc, et ils jurent, à la face du Soleil, d'être équitables comme lui. L'inca les embrasse, et leur dit : « Tuteurs du peuple, c'est à vous que son bonheur est confié. Soleil, ajoute-t-il, reçois les serments des tuteurs du peuple. Punis-moi, si je cesse de protéger en eux la droiture et la vigilance ; punis-moi, si je leur pardonne la faiblesse ou l'iniquité. »

Un nouveau spectacle succède : c'est l'élite de la jeunesse, des chœurs de filles et de garçons, tous d'une beauté singulière, tenant dans leurs mains des guirlandes dont ils viennent orner les colonnes sacrées, en dansant alentour et chantant les louanges du Soleil et de ses enfants. Leur robe, d'un tissu léger, formé du duvet d'un arbuste qui croît dans ces riches vallons, est égale en blancheur aux neiges des montagnes.

Dans leurs danses autour des colonnes, ils s'entrelacent de leurs guirlandes, et cette chaîne mystérieuse exprime les douceurs de la société, dont les lois forment les liens.

Mais déjà l'ombre des colonnes s'est retirée vers leur base; elle s'abrége encore et va s'évanouir. Alors éclatent de nouveau les chants d'adoration et de réjouissance; et l'inca, tombant à genoux au pied de celle des colonnes où le trône de son père étincelle de mille feux : « Source intarissable de tous les biens, ô Soleil, dit-il, ô mon père! il n'est pas au pouvoir de tes enfants de te faire aucun don qui ne vienne de toi. L'offrande même de tes bienfaits est inutile à ton bonheur comme à ta gloire : tu n'as besoin, pour ranimer ton incorruptible lumière, ni des vapeurs de nos libations, ni des parfums de nos sacrifices. Les moissons abondantes que ta chaleur mûrit, les fruits que tes rayons colorent, les troupeaux à qui tu prépares les sucs des herbes et des fleurs, ne sont des trésors que pour nous; les répandre, c'est t'imiter : c'est le vieillard infirme, la veuve et l'orphelin qui les reçoivent en ton nom; c'est dans leur sein, comme sur un autel, que nous devons en déposer l'hommage. Ne vois donc le tribut que je vais t'offrir que comme un signe solennel de reconnaissance et d'amour : pour moi, c'est un engagement ; pour les malheureux, c'est un titre, et le garant inviolable des droits qu'ils ont à mes bienfaits. »

Tout le peuple à ces mots rend grâces au Soleil, qui lui donne de si bons rois ; et le monarque, précédé du pontife, des prêtres et des vierges sacrées, va dans le temple offrir au dieu le sacrifice accoutumé.

Ce sacrifice est innocent et pur. Ce n'est plus ce culte féroce qui arrosait de sang humain les forêts de ces bords sauvages, lorsqu'une mère déchirait elle-même les entrailles de ses enfants sur l'autel du lion, du tigre ou du vautour. L'offrande agréable au Soleil, ce sont les premiers des fruits, des moissons et des animaux que la nature a destinés à servir d'aliments à l'homme. Une faible partie de cette offrande est consumée sur l'autel ; le reste est réservé au festin solennel que le Soleil donne à son peuple.

Sous un portique de feuillage, dont le temple est environné, le roi, les incas, les caciques se distribuent parmi la foule pour présider aux tables où le peuple est assis. La première est celle des veuves, des orphelins et des vieillards ; l'inca l'honore de sa présence, comme père des malheureux. Tito Zoraï, son fils aîné, est assis à sa droite. Ce jeune prince, dont la beauté annonce une origine céleste, a rempli son troisième lustre : il est dans l'âge où se fait l'épreuve du courage et de la vertu. Son père, qui en fait ses délices, s'applaudit de le voir croître et s'élever sous ses yeux : jeune encore lui-même, il espère laisser un sage sur le trône. Hélas! son espérance est vaine ; les pleurs de son vertueux fils n'arroseront point son tombeau.

Au festin succèdent les jeux. C'est là que les jeunes incas, destinés à donner l'exemple du courage et de la constance, s'exercent dans l'art des combats.

Ils commencent au son des conques par la flèche et le javelot; et le vainqueur, dès qu'il est proclamé, voit le héros qui lui a donné le jour s'avancer vers lui plein de joie, et lui tendre les bras en lui disant : « Mon fils, tu me rappelles ma jeunesse, et tu honores mes vieux ans. »

Vient ensuite la lutte ; et c'est là que l'on voit tout ce que l'habitude peut donner de ressort et d'énergie à la nature ; c'est là qu'on voit des combattants agiles et robustes s'élancer, se saisir, se presser tour à tour, plier, se raffermir, et redoubler d'efforts pour s'enlever ou pour s'abattre ; s'échapper pour reprendre haleine, revoler au combat, se serrer de nouveau des nœuds de leurs bras vigoureux; tour à tour immobiles, tour à tour chancelants, tomber, se rouler, se débattre, et arroser l'herbe flétrie des ruisseaux de sueur dont ils sont inondés.

Le combat, longtemps incertain, fait flotter l'âme de leurs parents entre la crainte et l'espérance. La victoire enfin se déclare; mais les vieillards, en décernant le prix du combat aux vainqueurs, ne dédaignent pas de donner aux vaincus quelques louanges consolantes; car ils savent que la louange est, dans les âmes généreuses, le germe et l'aliment de l'émulation.

Dans le nombre de ceux à qui leur adversaire avait fait plier les genoux, était le fils même du roi et son successeur à l'empire, le sensible et fier Zoraï. Aucun des prix n'a honoré ses mains; il en verse des larmes de dépit et de honte. L'un des vieillards s'en aperçoit et lui dit pour le consoler : « Prince, le Soleil notre père est juste; il donne la force et l'adresse à ceux qui doivent obéir, l'intelligence et la sagesse à celui qui doit commander. » Le monarque entendit ces paroles. « Vieillard, dit-il, laisse mon fils s'affliger et rougir de se trouver plus faible et moins adroit que ses rivaux. Le crois-tu fait pour languir sur le trône et pour vieillir dans le repos? »

Le jeune prince, à cette voix, jeta un coup d'œil de reproche sur le vieillard qui l'avait flatté, et se précipita aux genoux de son père, qui, le serrant tendrement dans ses bras, lui dit : « Mon fils, la plus juste et la plus impérieuse des lois, c'est l'exemple. Vous ne serez jamais servi avec plus de zèle et d'ardeur que lorsque, pour vous obéir, on n'aura qu'à vous imiter. »

Après qu'on eut laissé respirer les lutteurs, on vit cette illustre jeunesse se disposer au combat de la course. C'est leur épreuve la plus pénible. La lice est de cinq mille pas. Le terme est un voile de pourpre que le vainqueur doit enlever. Dans l'intervalle de la barrière au terme, le peuple, rangé en deux lignes, appelle des yeux les combattants. Le signal est donné : ils partent tous ensemble, et des deux côtés de la lice on voit les pères et les mères animer leurs enfants du geste et de la voix. Aucun ne donne à ses parents la douleur de le voir succomber dans sa course ; ils remplissent tous leur carrière, et presque tous en même temps.

Zoraï avait devancé le plus grand nombre de ses rivaux ; un seul, le même qui l'avait vaincu au combat de la lutte, avait sur lui quelque avantage, et n'était qu'à cent pas du terme : « Non, s'écria le prince, tu n'auras pas la gloire de me vaincre une seconde fois. » Aussitôt, ranimant ses forces, il s'élance, le passe et lui enlève le prix.

Ceux qui l'ont suivi de plus près ont quelque part à son triomphe. De ce nombre étaient les vainqueurs aux exercices de la lutte, de la flèche et du javelot. Zoraï s'avance à leur tête, tenant en main la lance où flotte suspendu le trophée de sa victoire, et avec eux il se présente devant le cercle des vieillards. Ceux-ci les jugent et les proclament dignes du nom d'*incas*, de vrais fils du Soleil.

Alors leurs mères et leurs sœurs viennent, d'un air tendre et modeste, attacher à leurs pieds agiles, au lieu de la tresse d'écorce qui fait les sandales du peuple, une natte de laine plus légère et plus douce, dont on fait le tissu.

Ils vont de là, conduits par les vieillards, se prosterner devant le roi, qui, du haut de son trône d'or, environné de sa famille, les reçoit avec la majesté d'un dieu et la tendre bonté d'un père. Son fils, en qualité de vainqueur dans le plus pénible des jeux, tombe le premier à ses pieds. Le monarque s'efforce de ne montrer pour lui ni préférence, ni faiblesse; mais la nature le trahit, et en lui attachant le bandeau des incas ses mains tremblent, son cœur s'émeut et s'attendrit, il laisse échapper quelques larmes; le front du jeune prince en est arrosé; il les sent, il en est saisi, et de ses mains il presse les genoux paternels. Ces larmes d'amour et de joie sont la seule distinction que l'héritier du trône obtient sur ses émules L'inca leur donne de sa main la marque la plus glorieuse de noblesse et de dignité: il leur perce l'oreille et y suspend un anneau d'or, faveur réservée à leur race, mais que ne porte jamais celui qui trahit sa naissance et qui n'en a pas les vertus.

Enfin le roi prend la parole, et s'adressant aux nouveaux incas : « Le plus sage des rois, leur dit-il, Manco, votre aïeul et le mien, fut aussi le plus vigilant, le plus courageux des mortels. Quand le Soleil son père l'envoya fonder cet empire, il lui dit : « Prends-moi pour exemple; je me lève, et ce n'est pas pour moi; je répands ma lumière, et ce n'est pas pour moi; je remplis ma vaste carrière, je la marque par mes bienfaits, l'univers en jouit, et je ne me réserve que la douceur de l'en voir jouir : va, sois heureux si tu peux l'être; mais songe à faire des heureux. » Incas, fils du Soleil, voilà votre leçon. Quand il plaira à votre père que vous soyez heureux sans fatigue et sans trouble, il vous rappellera vers lui. Jusque-là sachez que la vie est une course laborieuse que vos vertus doivent rendre utile, non pas à vous, mais à ce monde où vous passez. Le lâche s'endort sur la route ; il faut que la mort, par pitié, lui vienne abréger son travail. L'homme courageux supporte le sien, et d'un pas sûr et libre il arrive au terme où la mort, la mère du repos, l'attend.

« O toi, mon fils, dit-il au prince, tu vois cet astre qui va finir son cours : que de biens, depuis son aurore, n'a-t-il pas faits à la nature ! ce qui lui ressemble le plus sur la terre, c'est un bon roi. »

A ces mots, il se lève et marche, accompagné de sa famille et de son peuple, pour aller avec le pontife, sur le vestibule du temple, observer l'aspect du soleil à son couchant et en recueillir les oracles.

Le peuple et les incas se tiennent rangés en silence au delà du parvis. Le roi seul monte les degrés du vestibule où l'attend le grand prêtre, qui ne doit révéler qu'à lui les secrets du sombre avenir.

Le ciel était serein, l'air était calme et sans vapeurs, et l'on eût pris dans ce moment l'horizon du couchant pour celui de l'aurore. Mais bientôt, du sein de la mer Pacifique, s'élève au-dessus de Palmar un nuage pareil à des vagues sanglantes, présage épouvantable dans ce jour solennel. Le grand prêtre en frémit, cependant il espère qu'avant le coucher du soleil ces vapeurs vont se dissiper. Elles redoublent, elles s'entassent comme les sommets des montagnes, et en s'élevant elles semblent défier le dieu qui s'avance de rompre la vaste barrière qu'elles opposent à son cours. Il descend avec majesté, et, des rayons qui l'environnent, perçant de tous côtés ces flots de pourpre, il les entr'ouvre, mais soudain l'abîme est comblé. Vingt fois il écarte les vagues qui vingt fois retombent sur lui. Submergé, renaissant, il épuise les traits de sa défaillante lumière; et, lassé du combat, il reste enseveli comme dans une mer de sang.

Un signe encore plus terrible se manifeste dans le ciel : c'est un de ces astres que l'on croyait errants avant que l'œil perçant de l'astronomie eût démêlé leur route dans l'immensité de l'espace. Une comète, semblable à un dragon qui vomit des feux, et dont la brûlante crinière se hérisse autour de sa tête, paraît venir de l'orient et voler après le soleil. Ce n'est dans le céleste azur qu'une étincelle aux yeux du peuple; mais le grand prêtre, plus attentif, y croit distinguer tous les traits de ce monstre prodigieux : il lui voit respirer la flamme; il lui voit secouer ses ailes embrasées; il voit sa brûlante prunelle suivre du haut des cieux la trace du soleil, dans l'ardeur de l'atteindre et de le dévorer. Mais dissimulant la terreur dont ce prodige le pénètre : « Prince, dit-il au roi, suivez-moi dans le temple; » et là, recueilli en lui-même, après avoir été quelque temps immobile et en silence devant l'inca, il lui parle en ces mots :

« Digne fils du dieu que je sers, si l'avenir était inévitable, ce dieu bienfaisant nous épargnerait la douleur de le prévoir ; et, sans nous affliger d'avance du pressentiment de nos maux, il laisserait à l'esprit humain son aveuglement salutaire, et au temps son obscurité. Puisqu'il daigne nous éclairer, ce n'est pas inutilement ; et les malheurs qu'il nous annonce peuvent encore se détourner. Ne vous effrayez point de ceux qui vous menacent : ils sont affreux, s'il faut en croire les signes que je viens d'observer dans le ciel. Ces signes ne s'accordent pas : l'un me dit que c'est du couchant que doit venir une guerre sanglante ; l'autre m'annonce un ennemi terrible qui fond sur nous de l'orient ; mais l'un et l'autre est un avis de ce dieu puissant qui veille sur nous. Prince, armez-vous donc de constance : être innocent et courageux, ne pas mériter son malheur et le souffrir, voilà la tâche que la nature impose à l'homme ; le reste est au-dessus de nous. »

Le prêtre, consterné, n'en dit pas davantage ; et le monarque, renfermant la tristesse au fond de son cœur, sortit du temple, et se montra au peuple avec un front calme et serein. « Notre dieu, lui dit-il, sera toujours le même ; il veille au sort de son empire, et il protége ses enfants. »

Alors on vint lui annoncer que des infortunés, chassés de leur patrie, lui demandaient l'hospitalité. « Qu'ils paraissent, répond l'inca ; jamais les malheureux ne trouveront mon cœur inaccessible, ni mon palais fermé pour eux. »

Les étrangers s'avancent; c'est le triste débris de la famille de Montezume, fuyant le joug des Espagnols, et qui, de rivage en rivage, cherche un refuge impénétrable aux poursuites de ses tyrans.

Un jeune cacique se présente à la tête de ces illustres fugitifs. A sa démarche, à sa noble assurance, on reconnaît en lui, tout suppliant qu'il est, l'habitude de commander. Un chagrin profond et cruel paraît empreint sur son visage; mais sa beauté, quoique ternie, est touchante dans sa langueur, et l'altération de ses traits annonce moins l'abattement que la souffrance d'une âme fière et indignée de son malheur.

L'inca lui dit: « Jeune étranger, apprenez-moi qui vous êtes, d'où vous venez, et quel coup du sort vous fait chercher un asile en ces lieux.

— Inca, lui répond Orozimbo (c'était le nom du Mexicain), tu vois en nous les déplorables restes d'un empire au moins aussi vaste, aussi florissant que le tien. Cet empire est détruit. Le sort ne nous laissait que la fuite ou que l'esclavage; nous avons préféré la fuite. Deux hivers nous ont vus errants sur les montagnes. Las de vivre dans les forêts et parmi les bêtes féroces, nous avons pris la résolution d'aller chercher des hommes moins malheureux que nous et moins cruels que nos tyrans. Il y a trois mois qu'à la merci des flots nous parcourons, à travers mille écueils, les détours d'un rivage immense. Les maux que nous avons soufferts nous auraient accablés : le bruit de tes vertus a soutenu notre espérance. On te dit juste et bienfaisant, nous venons éprouver si la renommée en impose.

— Étrangers, reprit le monarque, vous n'aurez pas en vain mis votre confiance en moi. Venez dans mon palais vous reposer et réparer vos forces. Je suis impatient d'entendre le récit de votre infortune, mais je désire encore plus de vous la faire oublier. »

Le cacique et ses compagnons, conduits au palais de l'inca, y sont servis avec respect, mais il défend qu'on étale à leurs yeux une vaine magnificence; car l'ostentation de la prospérité est une insulte pour les malheureux. Un bain pur, des vêtements frais, une table abondante et simple, des asiles pour le sommeil, où règne un tranquille silence, sont les premiers secours de l'hospitalité qu'exerce envers eux ce monarque.

Le lendemain il les reçoit au milieu de sa famille, vertueuse et paisible cour; les fait asseoir autour de son trône, et parlant au jeune Orozimbo avec tous les ménagements que l'on doit aux infortunés, il l'invite à soulager son cœur du poids accablant de ses peines, en lui racontant ses malheurs.

« Le souvenir en est cruel, dit le cacique mexicain avec un triste et profond soupir, mais je te dois l'effort d'en tracer la désolante image. Écoute-moi, généreux prince; et puisse l'exemple de ma patrie t'apprendre à garantir ces bords du fléau qui l'a ravagée. » A ces mots, le silence règne dans l'assemblée des incas, et le cacique reprend ainsi.

CHAPITRE II.

Orozimbo, l'un des caciques mexicains, raconte à l'inca les malheurs de sa patrie.

« Enfants du Soleil, vous savez la route qu'il suit tous les ans. Il est à présent sur vos têtes : il y a trois lunes qu'il se levait de même sur le pays où je suis né. Ce pays s'appelle *Mexique*. Il avait pour roi Montezume, dont nous sommes les neveux. Montezume avait des vertus, un cœur droit, généreux, fidèle. Mais trop souvent du sein de la prospérité naissent l'orgueil et l'indolence. Après avoir oublié qu'il était homme, il oublia qu'il était roi. Sa dureté superbe éloigna ses amis ; sa faiblesse et son imprudence le livrèrent aux mains d'un ennemi perfide et causèrent tous ses malheurs.

Vingt caciques, tous possesseurs de fertiles provinces, étaient réunis sous ses lois. Trop puissant et trop absolu, il abusa de sa fortune, ou plutôt ses flatteurs, dont il avait fait ses ministres, en abusèrent en son nom ; et de ses provinces foulées, les unes, secouant le joug, avaient repris leur liberté ; d'autres, plus faibles ou plus timides, gémissaient en silence, et, pour se déclarer rebelles, attendaient qu'il fût malheureux ; lorsqu'on apprit que vers l'aurore, dans une enceinte où le rivage se courbe et embrasse la mer, une race d'hommes qu'on prenait pour des dieux étaient venus de l'orient sur des châteaux ailés d'où partaient l'éclair et la foudre ; que de ces forteresses flottantes sur les eaux, dès qu'elles touchaient le rivage, on voyait s'élancer des animaux terribles, qui portaient sur leur dos ces hommes immortels. Mille autres témoins assuraient que le quadrupède et l'homme n'étaient qu'un ; que ses pas rapides devançaient les vents ; que ses regards lançaient la mort, et une mort inévitable ; que ces deux têtes, d'homme et de bête farouche, dévoraient tout ce que le feu de ses regards avait épargné, et que la pointe de nos flèches s'émoussait sur la dure écaille dont tout son corps était couvert.

Ces bruits répandaient l'épouvante. Un cri d'alarme universel retentit jusqu'à Mexico (c'était le siége de l'empire). Montezume en parut troublé ; mais la même faiblesse qui lui faisait tout craindre lui fit d'abord tout négliger.

Il sut que ces étrangers avides se laissaient apaiser par de riches offrandes ; il espéra les adoucir. Il députa vers eux deux hommes honorés parmi nous, Pilpatoé et Teutilé, l'un blanchi dans les camps, l'autre dans les conseils. Douze caciques (j'étais du nombre) accompagnaient cette ambassade ; deux cents Indiens nous suivaient, chargés de riches présents ; vingt captifs, choisis parmi ceux que l'on engraissait dans nos temples pour être immolés à nos dieux, terminaient ce nombreux cortége.

2

Nous arrivons au camp des Espagnols (car c'est ainsi que ces étrangers se nomment), et quel est notre étonnement en voyant que cinq cents hommes épouvantaient des nations! Oui, je l'avoue à notre honte, ils n'étaient que cinq cents, ce n'étaient que des hommes; et des millions d'hommes tremblaient.

Nous parûmes devant leur chef... Ah! le perfide! sous quel air majestueux et tranquille il sut déguiser sa noirceur!

Pilpatoé, en l'abordant, le salue et lui parle ainsi : « Le monarque du Mexique, le puissant Montezume, nous envoie te saluer et savoir de toi qui tu es, d'où tu viens, et ce que tu veux. Si tu es un dieu propice et bienfaisant, voilà des parfums et de l'or. Si tu es un dieu méchant et sanguinaire, voilà des victimes. Si tu es un homme, voilà des fruits pour te nourrir, des vêtements pour ton usage, et des plumes pour te parer.

— Non, nous ne sommes point des dieux, nous répondit Cortès (car tel était son nom); mais, par une faveur du Ciel qui dispense à son gré la force, l'intelligence et le courage, nous avons sur les Indiens des avantages et des droits que vous reconnaîtrez vous-même. Je reçois vos présents, je retiens vos captifs pour m'obéir et me servir, non pour être offerts en victimes; car mon Dieu est un Dieu de paix, qui ne se nourrit point de sang. Vous voyez l'autel que nos mains lui ont élevé, soyez témoins du culte que nous allons lui rendre. Pour la première fois, il descend sur ces bords. »

L'autel était simple et rustique; un feuillage en forme de temple l'environnait de son ombre, un vase d'or en faisait l'ornement, un pain léger d'une extrême blancheur et quelques gouttes d'une liqueur que nous prîmes d'abord pour du sang, mais qui n'est que le jus d'un fruit délicieux, étaient l'offrande du sacrifice. Ce culte n'avait à nos yeux rien d'effrayant, rien de terrible. Te l'avouerai-je cependant? soit par la force de l'exemple, soit par le charme des paroles que proférait le sacrificateur, et par l'ascendant invincible que leur Dieu prenait sur nos dieux, le respect de ces étrangers prosternés devant leur autel nous frappa, nous saisit de crainte.

Après le sacrifice, on servit un festin. Cortès nous admit à sa table. Il nous vit regarder avec inquiétude les viandes qu'on nous présentait; car nous savions qu'on avait égorgé un grand nombre de nos amis. Il pénétra notre pensée, et nous lui en fîmes l'aveu. « Non, dit-il, cet usage impie est en horreur parmi nous ; et ni la faim la plus cruelle, ni la plus dévorante soif, ne vaincraient notre répugnance pour la chair et le sang humains.... » Quelle répugnance, grands dieux! ils ne dévorent pas les hommes, mais les en égorgent-ils moins? et qu'importe lequel des deux, du vautour ou du meurtrier, aura bu le sang innocent?

Au sortir du festin, nous eûmes le spectacle de leurs exercices guerriers. Les cruels! on voit bien qu'ils sont nés pour détruire. Quel art profond ils en ont fait! Ils s'élancèrent, à nos yeux, sur ces animaux redoutables que, d'un main, ils savent gouverner, tandis que l'autre fait voler autour d'eux un glaive étincelant et rapide comme l'éclair. Imaginez, s'il est possible, l'avantage prodigieux que leur donnent sur nous la fougue, la vitesse, la force de ces animaux, fiers esclaves de l'homme, et qui combattent sous lui.

Mais cet avantage étonnant l'est moins que celui de leur armes; puisses-tu, grand roi, ne jamais connaitre l'usage qu'ils ont fait du feu et d'un métal dur et tranchant qu'ils méprisent, les insensés! et auxquels ils préfèrent l'or, inutile à notre défense. Puisses-tu ne jamais entendre cette foudroyante machine dont on fit l'essai devant nous! Le tonnerre du ciel n'est pas plus effrayant quand il roule sur les nuages. Inca, c'est le génie de la destruction qui leur a fait ce don fatal. Enfin, ce qui acheva de nous confondre, ce furent l'intelligence et l'accord de leurs mouvements pour l'attaque et pour la défense. Cet art de marcher sans se rompre, de se déployer à propos, de se rallier au besoin; cet art, changé en habitude, est ce qui les rend invincibles. Nous défions la mort, nous la bravons comme eux; nous ne savons pas la donner...» A ces mots, le jeune cacique, laissant tomber sa tête sur ses genoux, et de ses mains cachant ses larmes : « Pardonne, dit-il, à l'inca, une rage, hélas! impuissante. Il est des maux contre lesquels jamais le cœur ne s'endurcit.

Avant de nous congédier, Cortès, en échange de l'or, des perles, des tissus qu'on lui avait offerts, nous fit quelques présents futiles, mais que leur nouveauté nous rendit précieux.

« Vous voyez en moi, ajouta Cortès, le ministre d'un roi puissant, d'un roi qui, vers les bords où le soleil se lève, règne sur des États plus vastes, plus riches et plus florissants que l'empire de Montezume. Il veut bien cependant l'avoir pour allié. Dites à Montezume que je viens à sa cour pour lui offrir cette alliance, et que Charles d'Autriche, monarque d'Orient, ne doute pas qu'on ne lui rende dans la personne de son ministre tout ce qu'on doit à la majesté et à l'amitié d'un grand roi. »

Pilpatoé lui répondit que si son maître était si riche et si puissant, on s'étonnait qu'il envoyât chercher si loin des alliés et des amis; que Montezume serait sans doute honoré de cette ambassade, mais qu'il fallait du moins attendre son aveu pour pénétrer dans ses États.

« Exposez-lui, nous dit Cortès, que pour le voir j'ai traversé les mers; que l'honneur de mon roi exige qu'il m'entende; que, sans lui faire injure, il ne peut refuser de me recevoir dans sa cour, et que je serais trop indigne de ce titre d'ambassadeur dont je suis revêtu, si je m'en retournais chargé de ses mépris, sans en avoir tiré vengeance. »

La réponse de Montezume ne se fit pas longtemps attendre. Il crut, par de nouveaux présents, adoucir le refus qu'il faisait à Cortès de le laisser pénétrer plus avant. Mais Cortès reçut les présents et persista dans sa demande.

Il avait su quelle était la haine des caciques pour Montezume; il leur avait promis d'abaisser son orgueil, d'assurer leur indépendance; et, déjà reçu en ami dans le palais de Zampola, nous le trouvâmes environné d'une foule de rois, tous vassaux de l'empire, dont il avait formé sa cour.

« Vous voyez, lui dit Teutilé, avec quelle magnificence Montezume répond à l'amitié d'un roi qui veut bien rechercher la sienne. Mais les mœurs, les usages, les lois de son empire ne lui permettent rien de plus; et, à moins de vous déclarer ses ennemis, vous ne pouvez tarder à quitter ce rivage. »

Cortès, à ses mots, regardant les caciques ses alliés avec un air riant et fier, sembla vouloir les rassurer; et puis, composant son visage : « Rendez-vous, nous dit-il, demain au port où mes vaisseaux m'attendent, vous y apprendrez ma résolution. »

A l'instant quelques-uns des siens, la frayeur peinte dans les yeux, vinrent lui parler en secret. Il écoute, et soudain avec emportement il nous ordonne de le suivre.

Il marche au temple, où l'on menait de jeunes captifs destinés à être immolés à nos dieux, car c'était l'une de nos fêtes. Il arrive au moment qu'on livrait les victimes aux mains du sacrificateur. « Arrêtez, dit-il, arrêtez, hommes stupides et féroces, vous offensez le Ciel en croyant l'honorer. » A ces mots, s'élançant lui-même entre le prêtre et les victimes, il commande qu'on les dégage et qu'on les garde auprès de lui.

Tout le peuple était assemblé; les prêtres, indignés, criaient au sacrilége et demandaient vengeance pour leurs dieux outragés; un murmure confus, élevé dans la foule, annonçait un soulèvement. Cortès n'attend pas qu'il éclate; accompagné de quelques-uns des siens, il monte et force le cacique à monter les degrés du temple; et là, saisissant d'une main ce prince interdit et tremblant, et de l'autre levant sur lui son glaive prêt à le percer : « Bas les armes ! dit-il au peuple d'une voix forte et menaçante, ou je frappe, et je vais commander à l'instant qu'on égorge tout sans pitié. »

Le fer levé sur le cacique, la voix de Cortès, sa menace, son étonnante résolution glacent tous les esprits, et la rumeur est étouffée. Comment ne pas craindre celui qui brave impunément les dieux? A son courage, à sa fierté, il paraissait un dieu lui-même. Il se fait amener les sacrificateurs, qui s'étaient retirés à l'ombre des autels. « Eh bien ! dit-il, est-ce ainsi que vos dieux vous défendent, vous et leur temple? Qui les retient? qui les enchaîne? Je ne suis qu'un mortel, que ne m'écrasent-ils, puisque j'ose les insulter ? Allez, vos dieux sont impuissants, ils ne sont rien que les fantômes du délire et de la frayeur. Des dieux avides de carnage et nourris de chair et de sang! pouvez-vous bien y croire? et si vous y croyez, pouvez-vous adorer le plus méchant des êtres? Abjurez ce culte exécrable et renoncez, pour le vrai Dieu, à ces idoles monstrueuses que vous nous allez voir briser. »

Il dit, et, profitant de la terreur profonde dont tout le peuple était frappé, il commanda à sa troupe de renverser nos dieux du haut de leurs autels et de les rouler hors du temple.

A ce comble d'impiété nous espérions tous que le temple s'écroulerait sur les profanateurs. Le temple resta immobile, et nos dieux, renversés, roulés dans la poussière, se laissèrent fouler aux pieds.

L'étranger alors, reprenant une sérénité tranquille : « Peuple, dit-il, voilà vos dieux. C'est à ces simulacres vains que vous avez sacrifié des millions de vos semblables : ouvrez les yeux et frémissez.

« Vous voyez, reprit-il en nous adressant la parole, que j'ai quelque raison de vouloir pénétrer jusqu'à la cour de Montezume. A demain. Rendez-vous au port, vous jugerez s'il est prudent qu'il persiste dans ses refus. »

Inca, tu ne peux concevoir la révolution soudaine qui se fit dans tous les esprits, quand le peuple fut assuré de la ruine de ses dieux. Imagine-toi des esclaves flétris, courbés dès leur naissance sous les chaînes de leurs tyrans, et qui, tout à coup délivrés de cette longue servitude, respirent soulagés d'un fardeau accablant : tel fut le peuple de Zampola. D'abord une très-grande frayeur troublait et réprimait sa joie; il semblait craindre que la vengeance de ses dieux ne fût qu'assoupie et ne vînt à se réveiller. Mais quand il les vit mutilés et dispersés hors de leur temple, il se livra à des transports qui firent bien voir que son culte n'avait jamais été que celui de la crainte, et qu'il détestait dans son cœur les dieux que sa bouche implorait.

Le lendemain on nous mena au port, où était la flotte de Cortès, et l'on nous dit de l'y attendre. Mille pensées nous agitaient. Ce que nous avions vu la veille, ce que nous avions entendu, l'ascendant que prenait cet homme inconcevable sur l'esprit des caciques et sur l'âme des peuples, l'apparence de ses vertus, la puissance de sa parole, la chute de nos dieux, le triomphe du sien, tout nous plongeait dans des réflexions accablantes sur l'avenir.

Cependant du haut du rivage nous admirions ces canots immenses dont la structure était un prodige pour nous. Leurs larges flancs sont un assemblage de bois solides qu'on a courbés et façonnés comme des joncs flexibles; leurs ailes sont des tissus d'écorce suspendus à des tiges d'arbres aussi élevés que nos cèdres; ces tissus, flottant dans les airs, se laissent enfler par les vents. Ainsi c'est aux vents qu'obéit cette forteresse mouvante; une seule rame attachée à l'extrémité du canot sert à diriger son cours.

Comme nous étions occupés de cette effrayante industrie, Cortès arrive accompagné des siens. A l'instant ses soldats se jettent sur les barques. Nous croyons les voir s'éloigner, mais cette fausse joie est tout à coup suivie de la plus profonde douleur;

nous voyons dépouiller ces vastes édifices : bois, métaux, voiles et cordages, on enlève tout ; et Cortès, donnant l'exemple à sa troupe, s'élance la flamme à la main, embrase l'un de ses canots et les fait tous réduire en cendres.

Tandis que la flamme ondoyante les enveloppe et les consume, Cortès, avec une tranquillité insultante, nous regarde et nous parle ainsi : « Tant que j'aurais eu le moyen de m'éloigner de ce rivage, Montezume aurait pu douter si je persisterais dans ma résolution : Mexicains, dites-lui ce que vous avez vu, et qu'il se prépare à me recevoir en ami ou en ennemi. » Ce fut avec cette arrogance qu'il nous renvoya consternés.

Montezume attendait notre retour avec impatience. Il assembla ses ministres et ses prêtres pour nous entendre. La présence des prêtres nous fit dissimuler l'humiliation et l'opprobre dont Cortès avait couvert nos dieux ; tout le reste fut exposé dans un récit fidèle et simple, et quelques figures tracées nous aidèrent à faire entendre ce qui ne pouvait s'exprimer. Le monarque nous écoutait avec cet étonnement stupide qui semble interdire à l'âme la pensée et la volonté. « Ces étrangers, dit-il, ont sur nous, je l'avoue, un ascendant qui m'épouvante. Tout ce que vous m'en racontez me semble tenir du prodige, et j'y vois quelque chose au-dessus de l'humain.

— Ils sont plus éclairés sans doute, et plus industrieux que nous, lui dit Pilpatoé ; mais toutes leurs lumières ne les rendent pas immortels. La fatigue, la faim, le sommeil, la douleur, tous les besoins, tous les maux de la vie sont faits pour eux comme pour nous. Leur âme s'écoule avec leur sang par la piqûre d'une flèche comme celle d'un Indien ; c'est ce que je voulais savoir ; le reste est de peu d'importance. »

Montezume, à qui ce discours devait inspirer du courage, n'en parut point touché. Il regardait les prêtres, et il semblait chercher à lire dans leurs yeux.

Alors le pontife se lève, et d'un air imposant : « Seigneur, dit-il à Montezume, ne vous étonnez pas de la faiblesse de nos dieux et de la décadence où tombe leur empire. Nous avons évoqué le puissant dieu du mal, le formidable Telcalépulca. Il nous est apparu sur le faîte du temple, dans les ténèbres de la nuit, au milieu des nuages que sillonnait la foudre. Sa tête énorme touchait au ciel ; ses bras, qui s'étendaient du midi jusqu'au nord, semblaient envelopper la terre ; sa bouche était remplie du venin de la peste, qu'elle menaçait d'exhaler ; dans ses yeux sombres et caves petillait le feu dévorant de la famine et de la rage ; il tenait d'une main les trois dards de la guerre ; de l'autre il secouait les chaînes de la captivité. Sa voix, pareille au bruit des vents et des tempêtes, nous a fait entendre ces mots : « On me dédaigne, on ne fait plus couler sur mes autels que le sang de quelques victimes que l'on néglige d'engraisser. Qu'est devenu le temps où vingt mille captifs étaient égorgés dans mon temple !

Ses voûtes ne retentissaient que de gémissements et de cris douloureux, qui remplissaient mon cœur de joie; mes autels nageaient dans le sang; mon parvis regorgeait d'offrandes. Montezume a-t-il oublié que je suis Telcalépulca, et que tous les fléaux du ciel sont les ministres de ma colère? Qu'il laisse tous les autres dieux languir, tomber de défaillance; leur indulgence les expose au mépris : en le souffrant, ils l'encouragent; mais c'est le comble de l'imprudence de négliger le dieu du mal. »

Épouvanté d'un tel prodige, Montezume ordonne à l'instant que parmi les captifs on en choisisse mille pour les immoler à ce Dieu; que dans son temple tout abonde pour les engraisser à la hâte, et qu'il en soit fait incessamment un sacrifice solennel.

A ce récit, l'inca s'écrie en frémissant : « Quoi! dans un jour, mille victimes!

— Que veux-tu? lui dit le cacique. Tant de calamités ont affligé la terre, que l'homme faible et malheureux a regardé le dieu du mal comme le plus puissant des dieux; et pour le désarmer il croit devoir lui rendre un culte barbare et sanglant, un culte enfin qui lui ressemble.

Notre faible monarque croyait avoir pourvu à tout en ordonnant ce sacrifice; mais son ennemi s'avançait. Vainqueur de nos voisins, et secondé par les vaincus, il parut avec une armée.

Ce fut alors que Montezume ne dissimula plus son découragement. Il voulut essayer encore avec les Espagnols la force des bienfaits : il leur offrit de partager avec eux ses trésors immenses, et de faire pour eux les frais d'une nouvelle flotte, s'ils voulaient s'éloigner. Misérable ressource! C'était leur montrer sa faiblesse, accroître leur orgueil, et irriter encore leur insatiable avarice. Aussi Cortès, plus obstiné et plus arrogant que jamais, déclara-t-il qu'en vain l'on croyait l'éblouir par des présents qu'il méprisait; que l'or n'effaçait point les taches que faisait l'injure, et que l'affront qu'il avait reçu ne se lavait que dans le sang.

Cette ville superbe, qui n'est plus que ruines, la malheureuse Mexico, s'élevait au milieu d'un lac, comme sortant du sein des eaux; on y arrivait par des digues qu'on pouvait couper aisément; celle par où venait Cortès traversait la ville où régnait mon père, et, pour disputer ce passage, mon père ne demandait que l'aveu de Montezume; il ne put l'obtenir; il fallut recevoir ces étrangers comme nos maîtres, nous humilier devant eux... Oh! combien je frémis! combien je détestai l'ordre absolu qui nous forçait à cet abaissement! Quel vice dans un roi qu'un excès de faiblesse! Il vient lui-même, désarmé, au-devant de ses ennemis, s'efforçant de cacher sa honte sous sa vaine magnificence; il les reçoit avec toutes les marques de la joie et de l'amitié, les comble de présents, les invite à loger dans le palais du roi son père, et, inaccessible pour nous, n'est plus visible que pour eux. Cortès, le plus dissimulé des hommes, le flatte, l'éblouit, gagne sa confiance, et l'attire (adresse incroyable!) dans ce palais changé en forteresse, qu'ils occupaient lui et les siens.

Ah! c'est ici, s'écria le cacique, le comble de la perfidie, de l'insolence et de l'outrage. Au milieu de sa ville, au milieu de son peuple, et dans le palais de son père, Montezume lui-même est retenu captif, en otage, par ces brigands! Ils font plus; et, pour achever d'abattre et d'avilir son âme, ils l'enchaînent comme un esclave, ou plutôt comme un criminel. Montezume, que son orgueil et son courage avaient abandonné, tendit ses mains, et, sans se plaindre, reçut ces liens flétrissants. Il porta la bassesse jusqu'à se réjouir lorsqu'on daigna l'en délivrer.

Honteux de sa faiblesse, il voulut la cacher à son peuple, à sa cour, à ses ministres mêmes. Il dit qu'il venait d'expier par une peine volontaire la mort de quelques-uns des soldats de Cortès, tués dans les champs de Zampola; il permit que, devant ses yeux, on fît brûler vifs ceux des siens qui avaient puni leur insolence. Je vis ce brave Colpoca qui, dans l'émeute de ces brigands, en avait tué deux de sa main, et qui s'était montré à nous, de la droite portant la tête d'un Castillan, et de la gauche la flèche encore sanglante dont il l'avait percé; je le vis, ce brave homme à qui jamais la peur n'avait fait baisser la paupière, cet homme tel que si le Mexique en avait eu vingt comme lui, le Mexique eût été sauvé, je le vis périr dans les flammes; Cortès l'y fit jeter vivant. Regarde ce jeune homme qui pleure en m'écoutant, c'est son frère : il allait se brûler avec lui ; je le retins, et je lui dis : « Que fais-tu, Naïrco ? tu nous abandonnes, tu veux mourir, et tu n'es pas vengé. »

Montezume dévora tout, les affronts et les violences ; il se loua de la bonté, de la noblesse de Cortès ; il feignit d'être heureux et libre au milieu de ses gardes, qui le faisaient trembler, et qu'il appelait ses amis. Le malheureux invitait son peuple à venir leur donner des fêtes, et sa cour à les honorer. Le bien de son empire, le maintien de la paix, l'avantage de cette alliance qui déguisait sa servitude, les avis secrets de ses dieux, il mit tout en usage pour nous en imposer.

Il espérait qu'à la fin, comblés de ses présents, adoucis par ses complaisances, rassasiés de notre honte et de leur gloire, ils consentiraient à nous délivrer d'eux. Ils le promirent, et le Ciel sembla vouloir les y contraindre, car on apprit que de nouveaux brigands, partis des mêmes régions, venaient leur ravir leur conquête ; et Cortès, obligé de les aller combattre, ne pouvait laisser dans nos murs qu'un très-petit nombre des siens. Mais tel était l'étonnement, l'abattement de Montezume, que ce petit nombre suffit pour le retenir parmi eux. On le pressa de consentir à sa délivrance ; il en fut offensé. Il dit qu'il n'était point captif, que sa conduite était volontaire et plus sage qu'on ne pensait, qu'il lui en avait assez coûté pour s'attacher de tels amis, et qu'il ne voulait pas s'exposer au reproche de leur avoir manqué de foi. « J'ai leur parole, ajouta-t-il, qu'après s'être assurés de la nouvelle flotte ils vont s'éloigner de ces bords. »

Montezume était si frappé de cette illusion, que toute la scélératesse du crime dont tu vas frémir put à peine le détromper. On célébrait l'une de nos fêtes, et il était d'usage, dans ces solennités, de rendre hommage aux dieux par des danses publiques. La fleur de la jeune noblesse s'y distinguait par sa magnificence, et Montezume, sur la foi de la paix, voulut que ces brigands, qu'il appelait ses hôtes, fussent présents à ce spectacle. Ils étaient en petit nombre, mais ils étaient armés, et nous étions sans armes comme sans défiance. Qu'on s'imagine voir des lynx, des léopards errant autour d'un pâturage où bondit un faible troupeau de chevreuils et de daims paisibles. La soif du sang qui les dévore s'irrite sourdement au fond de leurs entrailles : ils approchent sans bruit, dissimulant leur rage; mais leurs regards avides la décèlent, et tout à coup s'y abandonnant, ils s'élancent sur le troupeau, dont ils font un carnage horrible. Tels on voyait les Castillans, témoins de nos paisibles jeux, nous entourer, nous observer avec des yeux où l'avarice étincelait comme une fièvre ardente. L'or, les perles, les diamants dont nous étions parés, viles richesses qu'ils adorent, allumèrent en eux cette ardeur furieuse pour laquelle rien n'est sacré. Éperdus, forcenés, se donnant l'un à l'autre le signal du meurtre et de la rapine, ils tirent le glaive et fondent sur les Indiens : ils égorgent tout ce que la frayeur, l'épouvante et la fuite ne dérobent pas à leurs coups. Maîtres de ce champ de carnage, on les voyait dépouiller leur proie et s'applaudir de leur butin, aussi peu sensibles aux plaintes des mourants que le sont les bêtes féroces au cri des animaux tremblants qu'elles déchirent et dont elles boivent le sang.

Après ce crime atroce, il fallait ou périr, ou nous délivrer de ces traîtres. Montezume eut beau colorer la noirceur de cet attentat, on ne l'écouta plus : l'emportement du peuple et sa fureur étaient au comble. Il vint au palais de mon père le supplier de prendre sa défense et l'aider à délivrer son roi. O mon père ! si la valeur, la prudence et la fermeté avaient pu sauver ta patrie, qui, mieux que toi, eût mérité d'en être le libérateur ? Sous lui le trouble et le tumulte font place à l'ordre et au conseil. A la tête du peuple, il force l'ennemi à se retirer dans l'enceinte du palais qui lui sert d'asile, le réduit à ne plus paraître, et l'assiége de toutes parts. Alors on nous annonce le retour de Cortès.

Cet heureux brigand, délivré d'un rival, Narvaëz, qui venait lui disputer sa proie, avait tiré de nouvelles forces du parti opposé au sien. Plus fier que jamais, il arrive, il s'avance ; un silence profond l'étonne à son entrée dans nos murs. Il pénètre avec défiance jusqu'aux portes de son palais, et s'y enferme avec ses compagnons.

Mon père les suivait des yeux ; il entendit leurs cris

de joie. « Demain, dit-il, demain, si le Ciel nous seconde, nous changerons ces cris en des cris de douleur. » En effet, dès le jour suivant, tout le peuple fut sous les armes, et mon père ordonna l'assaut. Inca, ce moment fut terrible. S'il ne nous eût fallu franchir que des murs hérissés de lances et d'épées, ce péril ne serait pas digne d'être rappelé; mais peins toi un mur de feu, un rempart foudroyant, d'où partait sans cesse, à travers des tourbillons de fumée et de flamme, une grêle homicide et d'horribles tonnerres, dont tous les coups étaient marqués par un vide affreux dans nos rangs. Ce vide était rempli; nos Indiens, couverts du sang de leurs amis, qui rejaillissait autour d'eux, marchaient sur des monceaux de morts : c'était le courage effréné de la haine, de la vengeance et du désespoir réunis. On travaillait obstinément à briser les murs et les portes; on se faisait avec des lances des échelons pour s'élever, les Indiens blessés servaient, en expirant, de degrés à leurs compagnons pour atteindre au haut des murailles : le trouble, l'effroi, l'épouvante régnaient au dedans, la fureur au dehors. C'en était fait si le soleil, en nous dérobant sa lumière, n'eût pas terminé le combat.

La nuit, des flèches enflammées embrasèrent les toits de ce palais funeste; l'horreur de l'incendie en écarta le sommeil; et, tandis qu'au milieu des siens Cortès travaillait à l'éteindre, nous prîmes un peu de repos. Mais l'aurore du jour suivant nous vit les armes à la main.

L'ennemi sort ; la ville entière devient un champ de bataille. Notre sang l'inonda ; mais nous vîmes aussi, avec des transports de joie, couler celui des Castillans. La nuit fit cesser le carnage. L'ennemi rentra dans ses murs.

Il fallut donner quelques jours aux devoirs de la sépulture ; et l'ennemi les employa à construire des tours mouvantes pour combattre à l'abri d'une grêle de pierres qu'on lui lançait du haut des toits. Cependant mon père appliquait tous ses soins à éviter dans le combat ce désordre qui nous perdait, à donner à nos mouvements plus d'accord et d'intelligence, à établir ses postes, disposer ses attaques, ménager pas à pas une retraite à ses troupes, et l'interdire à l'ennemi. La ville, bâtie au milieu d'un lac, était coupée de canaux, dont les ponts, faciles à rompre, pouvaient laisser après nous de larges fossés à franchir. C'est surtout de cet avantage qu'il voulait qu'on sût profiter.

Enfin, du palais de Cortès on vit sortir ces tours pleines d'hommes armés que traînaient de fiers quadrupèdes, et dont la cime chancelante lançait de rapides feux. Mais des pierres énormes, tombant du haut des toits, les eurent bientôt fracassées. On combattit à découvert, sans trouble et sans confusion. Le meurtre était affreux, mais tranquille. A travers l'incendie de nos palais, où l'ennemi portait la flamme, la fureur marchait en silence, la mort s'avançait à pas lents. Chaque tranchée était un poste attaqué, défendu avec acharnement. L'avantage des armes, de ces armes terribles qui sont l'image de la foudre, était le seul qu'eût l'ennemi sur nous; mais quel nombre ou quelle valeur peut compenser cet avantage? Ce fut ce qui rendit douteux le succès d'un combat si long et si sanglant. L'ennemi nous céda la place, mais plutôt lassé que vaincu.

Mon père, en nous montrant parmi les morts quarante de ces furieux, nous faisait espérer d'exterminer le reste. « Encore deux combats comme celui-ci, nous disait-il, et le Mexique est délivré. »

Le peuple regardait d'un œil avide les Castillans étendus à ses pieds. « Ils ne sont pas immortels, » disait-il en comptant leurs blessures. Chacun s'attribuait la gloire d'avoir porté l'un de ces coups.

Encouragé par ce spectacle, on attendit avec impatience l'assaut remis au lendemain. Il fut tel que les assiégés ne pouvaient plus le soutenir. On approchait des murs; on allait bientôt les franchir et gagner la première enceinte; Cortès, alors désespéré, força Montezume à paraître pour nous ordonner de cesser. Montezume se montre, et du haut des murailles il fait signe de l'écouter. Sa présence suspend l'assaut. Le peuple, saisi de respect, se prosterne et prête silence. Le monarque éleva la voix; il remercia ses sujets d'avoir tenté sa délivrance; mais il leur dit qu'il était libre au milieu de ses amis. « Du reste, ils consentent, dit-il, à se retirer dès demain, pourvu qu'à l'instant même l'on mette bas les armes, et que, pour signe de la paix, on cesse toute hostilité. Je le veux, je vous le commande, obéissez à votre roi. »

La multitude, à cette voix, était incertaine et flottante. Mon père la détermina.

« Si tu es libre, grand roi, dit-il à Montezume, sors de ta prison et viens régner sur nous. Jusque-là nous n'écoutons point un monarque opprimé qu'on force à se trahir lui-même. Non, peuple, ce n'est pas votre roi qui vous parle, c'est un captif que l'on menace et qui subit la loi de la nécessité. Sa bouche demande la paix, son cœur implore la vengeance : vengez-le donc sans écouter ce que lui dictent ses tyrans. »

A ces mots l'assaut recommence. On crie au roi de s'éloigner. L'ennemi l'arrête et l'expose à nos coups. Mon père, qui tremble pour lui, veut détourner l'attaque... Il n'est plus temps. Une pierre fatale a frappé Montezume. Il chancelle et tombe expirant dans les bras de ses ennemis. En le voyant tomber, le peuple jette un cri de douleur, s'épouvante, et s'enfuit comme chargé d'un parricide. Bientôt l'ennemi nous renvoie son corps pâle et défiguré. Une multitude éplorée accourt, s'empresse, l'environne, et détestant la main qui l'a frappé, remplit l'air de ses hurlements, et baigne son roi de ses larmes.

Les caciques s'assemblent, et mon père est élu pour succéder à Montezume. Alors un nouveau plan d'attaque ou de défense achève de déconcerter et d'effrayer nos ennemis.

Mon père, aux assauts meurtriers, préféra les lenteurs d'un siége. Dans une enceinte inaccessible au feu des Espagnols, il les fit entourer de tranchées et de remparts. Les travaux avançaient. Cortès s'en épouvante, et il médite sa retraite. C'était le moment décisif. Il lui fallait, pour s'échapper, repasser sur l'une des digues dont le lac était traversé ; et mon père, ayant bien prévu que Cortès choisirait les ombres de la nuit pour favoriser son passage, fit rompre les ponts de la digue, la borda d'une multitude de canots remplis d'Indiens habiles à tirer de l'arc et de la fronde ; et, à la tête de ses caciques, il voulut lui-même charger la colonne des ennemis. Tout fut exécuté, mais avec trop d'ardeur. Des canots on voulut s'élancer sur la digue. Cette imprudence coûta la vie à une foule d'Indiens. Deux cents des soldats de Cortès et mille des alliés tombèrent sous nos coups ; un pont volant sauva le reste ; et quand le jour vint éclairer le carnage de la nuit, on trouva ceux des Castillans dont la mort nous avait vengés, on les trouva chargés de l'or qu'ils étaient venus nous ravir, et dont le poids les avait accablés. Ainsi l'or une fois fut utile à notre défense.

Dans ce combat, où le lac du Mexique avait été rougi de sang, mon père avait reçu deux blessures mortelles. A son heure dernière, il m'appela et me dit : « Mon fils, tu vois le fruit d'un mauvais règne. Ces brigands reviendront plus forts, secondés de ces mêmes peuples que Montezume a fait gémir. Hélas ! je prévois en mourant la ruine de ma patrie, moins malheureux de ne pas lui survivre et d'avoir fait jusqu'au dernier soupir ce que j'ai pu pour la sauver. Défends-la comme moi, défends-la même sans espérance, et sois le dernier à combattre sur ses débris. » A ces mots, je me sentis presser entre ses bras; et de ses lèvres éteintes m'ayant donné le baiser paternel, il expira. »

Ce souvenir cruel et tendre émut si vivement le héros mexicain, que sa voix en fut étouffée; et les incas, les yeux attachés sur un fils si vertueux et si sensible, attendirent en silence que son cœur se fût soulagé.

« Pour succéder à mon vertueux père, reprit Orozimbo, le choix des caciques tomba sur le jeune Guatimozin, son neveu, mon ami, le plus vaillant des hommes. Hélas! il se montra bien digne de ce choix; mais le sort trahit son courage.

Cortès revint au bord du lac avec des forces redoutables. A mille Castillans sa fortune avait joint plus de cent mille auxiliaires : telle était l'ardeur de nos peuples à voler au-devant du joug!

L'épouvante se répandit dans toutes les villes voisines. Les unes se rangèrent du côté de Cortès et prirent les armes pour lui; d'autres se trouvèrent désertes, et leurs habitants éperdus, ou se sauvèrent dans nos murs, ou s'enfuirent vers les montagnes.

Dans peu, sur le lac du Mexique, nous vîmes lancer une flotte semblable à celle qui, sur nos bords, avait apporté ces brigands. La multitude de nos canots eut beau l'environner et l'assaillir de toutes parts, brisés, engloutis par le choc de ces barques énormes, ils faisaient périr avec eux les Mexicains dont ils étaient chargés.

Le génie et l'activité de notre jeune roi firent des efforts inouïs pour suppléer à l'avantage que les barques des ennemis avaient sur nos frêles canots. Son ardeur, son intelligence, se signalèrent encore plus à la défense de nos digues. Dans les travaux, dans les dangers, partout et sans cesse présent, il était l'âme de son peuple. Le feu de son courage enflammait tous les cœurs. Les obstacles qu'il opposa aux approches des Castillans lassèrent enfin leur constance. Effrayés des périls et des fatigues d'un long siége, ils nous proposèrent la paix. Tout le peuple la demandait; le roi y consentait lui-même; la famine qui nous pressait y disposait tous les esprits; les prêtres, au nom de leurs dieux, furent les seuls qui s'y opposèrent. Ils avaient abattu l'âme de Montezume; ils flattèrent imprudemment l'audace de Guatimozin. Une ombre de péril les avait d'abord consternés, une apparence de succès les rendit aussi arrogants qu'ils avaient été lâches.

Sur la foi d'un oracle, nous refusâmes la paix. Crédulité fatale! un Dieu plus fort que tous nos dieux démentit leur vaine promesse. Il fit descendre des montagnes les peuples les plus indomptés, les Ottomies. Il changea leur féroce orgueil en un zèle ardent et docile; et Cortès n'eut pas plutôt vu grossir son camp de leurs fiers bataillons, qu'il résolut de nous livrer l'assaut

Le passage sur les trois digues fut ouvert malgré les efforts d'un courage déterminé. L'ennemi, ayant pénétré dans nos murs, s'y établit parmi des ruines. Il s'avança, précédé du carnage que faisaient devant lui ses foudroyantes armes ; et, par trois routes opposées, il parvint enfin jusqu'au centre de cette ville, où, depuis trois jours, régnaient l'épouvante et la mort...» A ces mots, le cacique s'interrompit par un frémissement de rage. « O souvenir affreux ! » s'écria-t-il ; et ses yeux semblaient indignés de voir encore la lumière.

L'inca tâchait de le calmer. « Ah ! reprit le malheureux prince, tu vas juger toi-même si ma douleur est juste. Je combattais près de mon roi, j'avais quitté le palais de mes pères ; et dans ce palais assiégé j'avais abandonné ma sœur, une sœur adorée, à qui moi-même j'étais plus cher que la lumière du jour. Pour sa garde et pour sa défense, j'avais laissé à la tête de quelques Indiens le brave Télasco, le fidèle ami de mon cœur, celui de tous les hommes que j'ai le plus aimé, et dont ma sœur était l'épouse. Ce digne ami se défendait avec tout le courage de l'amour et du désespoir : il l'inspirait à ses soldats : chacun d'eux semblait comme lui protéger les jours d'une épouse. Aucune de leurs flèches ne partait en vain ; le vestibule du palais était inondé de sang, la mort en défendait l'approche. Mais des palais voisins que l'ennemi avait embrasés, l'incendie atteint celui-ci. Les assiégés y sont enveloppés d'un noir tourbillon de fumée ; la flamme perce à travers ce nuage, elle s'attache aux lambris de cèdre, et s'y répand à flots pressés.

Le péril de ma sœur occupe seul mon ami : il la cherche au milieu de l'embrasement, et dans ce palais solitaire, dont ses soldats de tous les côtés défendent l'enceinte, il appelle avec des cris perçants sa chère Amazili. Il la trouve éperdue, courant échevelée. « O chère moitié de mon âme ! lui dit-il en la saisissant et la serrant dans ses bras, il faut mourir ou être esclaves. Choisis : nous n'avons qu'un instant.

— Il faut mourir, » lui répondit ma sœur. Aussitôt il tire une flèche de son carquois pour se percer le cœur. « Arrête, lui dit-elle, arrête ! commence par moi : je me défie de ma main, et je veux mourir de la tienne. »

Ah ! quel mortel, dans ce moment, n'eût pas manqué de courage ! mon ami tremblant la regarde, et rencontre des yeux dont la langueur eût désarmé le dieu du mal. Il détourne les siens et relève le bras sur elle ; son bras tremblant retombe sans frapper. Trois fois son épouse l'implore, et trois fois sa main se refuse à percer ce cœur dont il est adoré. Ce combat lui donna le temps de changer de résolution. « Non, dit-il, je ne puis achever.

— Et ne vois-tu pas, lui dit-elle, les flammes qui nous environnent, et devant nous l'esclavage et la honte, si nous ne savons pas mourir ?

— Je vois aussi, lui répondit-il, la liberté, la gloire, si nous pouvons nous échapper. » Alors appelant ses soldats : « Amis, leur dit-il, suivez-moi, je vais vous ouvrir un passage. » Il fait environner ma sœur, commande que les portes du palais soient ouvertes, et s'élance à travers la foule de ses ennemis épouvantés.

Celui qui m'a peint ce combat en frémissait lui-même. Un énorme rocher qui se détache et roule du haut des monts au sein des mers, chasse les vagues mugissantes et s'ouvre à grand bruit un abîme à travers les flots courroucés : tel, en sortant du palais de mon père, se présenta le formidable Télasco. Les flots d'ennemis qu'il avait écartés, en retombant sur lui, allaient l'accabler sous le nombre. Il les repousse encore ; une lourde massue qu'il fait voler autour de lui, brise les lances et les glaives, et, comme un tourbillon rapide, renverse tout ce qu'elle atteint. Au milieu d'un rempart de morts, mon ami, couvert de blessures et le corps sillonné de ruisseaux de sang, se défend et combat jusqu'à l'épuisement du peu de forces qui lui restent. Enfin ses bras laissent tomber la massue et le bouclier ; bientôt il chancelle, il succombe.... Il respirait encore. Il fut pris vivant ; et ma sœur suivit le sort de mon ami. Est-il mort ? a-t-elle eu la force et le malheur de lui survivre ? c'est ce que je n'ai pu savoir. Peut-être, ô ciel ! dans ce moment il gémit sous les coups d'un maître inflexible. Ma sœur, peut-être... Ah ! loin de moi cette épouvantable pensée ! elle rallume en vain toute ma rage, et fait le tourment de mon cœur. »

L'inca, qui lui voyait étouffer ses soupirs et dévorer ses larmes, le pressait d'interrompre ce récit désolant. « Non, dit le cacique, achevons : puisque j'ai pu survivre à mes malheurs, je dois avoir la force d'en soutenir l'image.

Tous nos postes forcés livraient la ville en proie à nos vainqueurs. Le roi n'avait plus pour asile que son palais, où sa noblesse lui offrait de s'ensevelir. Il voulut, dans l'espoir de rallier sur les montagnes les Indiens que la frayeur et la fuite avaient dispersés, il voulut s'échapper lui-même, pour revenir assiéger à son tour et accabler ses ennemis. Il traversait le lac ; et, pour favoriser sa fuite, nos canots occupaient la flotte de Cortès par un combat désespéré. Monarque infortuné! tout le sang prodigué pour lui ne put le sauver : il fut pris... C'est encore ici que mon courage m'abandonne. » Alors un délire stupide se saisissant d'Orozimbo, sa langue parut se glacer ; sa bouche entr'ouverte et ses yeux immobiles marquaient l'épouvante et l'horreur. Sa voix s'ouvre enfin un passage ; il s'écrie : « O Guatimozin! ô le plus magnanime, ô le meilleur des rois! Un brasier, des charbons ardents!... C'est sur ce lit qu'ils l'étendirent.

— O barbarie atroce! s'écria à ce récit l'inca saisi d'horreur.

— Attends, dit le cacique, attends : tu vas mieux les connaître. Tandis que le feu pénétrait jusqu'à la moelle des os, Cortès, d'un œil tranquille, observait les progrès de la douleur, et il disait au roi :

« Si tu es las de souffrir, déclare où tu as caché les trésors. »

Soit qu'il n'eût rien caché, soit qu'il trouvât honteux de céder à la violence, le héros du Mexique honora sa patrie par sa constance dans les tourments. Il attache un œil indigné sur le tyran, et lui dit : « Homme féroce et sanguinaire, connais-tu pour moi de supplice égal à celui de te voir? » Il ne lui échappa ni plainte, ni prière, ni aucun mot qui implorât une humiliante pitié.

Sur le brasier était aussi un fidèle ami de ce prince. Cet ami, plus faible, avait peine à résister à la douleur; et, près de succomber, il tournait vers son maître des regards plaintifs et touchants. « Et moi, lui dit Guatimozin, suis-je sur un lit de roses? » Ces paroles étouffèrent le soupir au fond de son cœur.

Tu frémis, inca; ce n'est rien que tout ce que tu viens d'entendre. Tu n'as vu ces brigands que dans l'ardeur du carnage. Pour en juger, il faut les voir au sein de la paix, au milieu des peuples qu'ils ont désarmés, dont les uns vont au-devant d'eux avec une joie ingénue, et les autres, d'un air timide et suppliant, qui leur présentent de plein gré ce qu'ils ont de plus précieux; qui s'empressent à les servir, à les loger dans leurs cabanes; qui supportent pour eux les travaux les plus rudes; qui courbent le dos sans se plaindre, sous le faix dont ils les meurtrissent; qui se laissent flétrir avec un fer brûlant des marques de la servitude : c'est là que s'est montrée la cruauté des Castillans. Tout ce que tu peux concevoir des excès de la tyrannie et des rigueurs de l'esclavage n'approche pas encore des maux que ces hommes dénaturés font souffrir aux plus doux des hommes.

Ceux-ci, épouvantés par le supplice de leur roi, par le saccagement de leur ville et de leurs campagnes, ne s'occupaient qu'à fléchir les vainqueurs : ils opposaient la douceur des agneaux à la férocité des tigres. Leurs caresses, leurs larmes, l'abandon volontaire du peu de biens qu'ils possédaient ; une obéissance muette, une aveugle soumission, le dernier et le plus pénible de tous les sacrifices que l'homme puisse faire à l'homme, celui de sa liberté, rien n'adoucit ces cœurs farouches. Si leurs esclaves surchargés, dans une longue et pénible route, osent gémir sous le fardeau, un châtiment soudain leur impose silence ; et s'ils succombent sous l'excès du travail et de la misère, un bras impitoyable achève de leur arracher le dernier soupir. « Cruels ! disent ces innocents, que vous avons-nous fait ? Notre vie n'est employée qu'à vous servir, pourquoi nous l'arracher ? Épargnez du moins nos enfants et nos femmes. » Ces monstres sont sourds à ces plaintes. *De l'or, de l'or,* c'est leur cri de rage ; on ne peut les en assouvir. Un peuple en vain se hâte d'apporter à leurs pieds le peu qu'il a de ce métal funeste ; ce n'est jamais assez ; et tandis qu'à genoux, les mains au ciel, les yeux en pleurs, il proteste qu'il n'en a plus, on l'enchaîne, on le livre à d'horribles tourments pour l'obliger à découvrir ce qu'il peut en avoir encore. Leur avarice a inventé des tortures inconcevables et des supplices inouïs. Ingénieuse à compliquer et à prolonger les douleurs, elle donne à la mort mille formes horribles que la mort ne connaissait pas.

Mais ce qui révolte le plus de leur atrocité, c'est sa froideur tranquille. La nature est muette dans ces cœurs endurcis. Autour des bûchers où la flamme dévore une famille entière, au milieu d'un hameau dont les toits embrasés fondent sur les femmes enceintes, sur les faibles vieillards, sur les enfants à la mamelle; au pied des échafauds où un feu lent consume de faibles innocents, déchirés avant de mourir, on les voit, ces hommes féroces, on les voit, riants et moqueurs, se réjouir et insulter aux victimes de leur furie.

Inca, ne nous reproche point d'avoir vu tant de maux sans mourir de douleur, ajouta le cacique en versant des ruisseaux de larmes, et d'une voix entrecoupée par les sanglots qui l'étouffaient; si nous supportons nos malheurs, si nous vivons, si nous fuyons notre déplorable patrie, c'est pour lui chercher des vengeurs.

— Ah! vous en méritez sans doute, lui dit l'inca en l'embrassant. Je sens vos maux, je les partage. Si je ne puis les réparer, j'espère au moins les adoucir. Demeurez parmi nous, illustres malheureux, et que ma cour soit votre asile. Hélas! si j'en crois des présages qui commencent à s'avérer, le temps approche où j'aurai besoin de votre expérience et de votre courage.

— Ah ! s'écrient les caciques, la vie est l'unique bien que le destin nous laisse : généreux prince, elle est à toi, et tu peux en être prodigue ; sans toi le désespoir en eût déjà tranché le cours. »

CHAPITRE III.

Caractère de Pizarre et son entreprise. — Cent jeunes Castillans partent de l'île Espagnole pour aller se joindre à lui. — Las-Casas les accompagne, et défend la cause des Indiens.

Tandis que la paix, la justice, l'humanité, régnaient encore dans ces régions fortunées, sous les lois du fils du Soleil, la tyrannie des Castillans s'étendait comme un incendie : la ruine et la solitude en marquaient partout les progrès.

Le nord de l'Amérique était dévasté ; le midi commençait à l'être. En vain ce pieux solitaire, cet ami courageux et tendre des malheureux Indiens, Barthélemy de Las-Casas, avait fait retentir le cri de la nature jusqu'au fond de l'âme des rois : une pitié stérile, une volonté faible de remédier à tant de maux fut tout ce qu'il obtint. On fit des lois ; ces lois, sans force, ne purent de si loin réprimer la licence ; la cupidité secoua le frein qu'on voulait lui donner, et sous ces rois qui condamnaient l'oppression et l'esclavage, l'Indien fut toujours esclave, l'Espagnol toujours oppresseur.

Barthélemy, s'humiliant devant l'éternelle sagesse, pleurait au bord de l'Osama, dans une retraite profonde, l'impuissance de ses efforts.

Cependant l'isthme était en proie au plus inhumain des tyrans. Ce barbare était Davila. Sa cruauté l'avait rendu l'effroi des peuples des montagnes qui joignent les deux Amériques. A travers les rochers, les forêts et les précipices, ses soldats, ses chiens dévorants furent lancés contre les sauvages. Pour les détruire, il n'en coûta que la peine de les poursuivre et celle de les égorger. Ainsi fut ouvert le passage de l'océan du Nord à la mer Pacifique.

Là de nouveaux bords se découvrent, et l'ambition des conquêtes voit un vaste champ à courir. Balboa, digne précurseur du sanguinaire Davila, a déjà voulu pénétrer dans ces régions du midi; et des flots de sang indien ont inondé les bords où il a tenté de descendre. Après lui de nouveaux brigands ont risqué de plus longues courses; mais la constance ou la fortune leur a manqué dans ces travaux.

Il fallait que, pour la ruine de cette partie du Nouveau-Monde, la nature eût formé un homme d'une résolution, d'une intrépidité à l'épreuve de tous les maux; un homme endurci au travail, à la misère, à la souffrance, qui sut manquer de tout et se passer de tout, s'animer contre les périls, se roidir contre les obstacles, s'affermir encore sous les coups de la plus dure adversité. Cet homme étonnant fut Pizarre ; et cette force d'âme, que rien ne put dompter, n'était pas sa seule vertu. Ennemi du faste et du luxe, simple et grand, noble et populaire, sévère quand il le fallait, indulgent lorsqu'il pouvait l'être, et modérant, par la douceur d'un commerce libre et facile, la rigueur de la discipline et le poids de l'autorité, prodigue de sa propre vie, attachant un grand prix à celle du soldat, libéral, généreux, sensible, il n'avait point pour lui cette cupidité qui déshonorait ses pareils ; l'ambition de s'illustrer, la gloire d'avoir entrepris et fait une immense conquête étaient plus dignes de son cœur. Il vit entasser à ses pieds des monceaux d'or dans des flots de sang, cet or ne l'éblouit jamais, il ne se plut qu'à le répandre. Sobre et frugal pendant sa vie, on le trouva pauvre à sa mort. Tel fut l'homme que la fortune avait tiré de l'état le plus vil pour en faire le conquérant du plus riche empire du monde.

Connu par sa bravoure du vice-roi de l'isthme, il en obtint le droit d'aller chercher par delà l'équateur des régions nouvelles et de nouveaux trésors. Un seul des vaisseaux qui restaient de la flotte de Balboa lui suffit pour son entreprise. Il l'arme au port de Panama, et le bruit s'en répand jusqu'à l'île Espagnole, à cette île fameuse par la conquête de Colomb, et dont on avait fait depuis le siége de la tyrannie.

Au nom de Pizarre, une fière jeunesse demande à s'aller joindre à lui. Leur chef, Alonzo de Molina, magnanime et vaillant jeune homme, mais d'un courage trop bouillant et d'un naturel trop sensible, avait gagné par sa candeur l'estime et l'amitié du vertueux Las-Casas. Il voulut avant de partir l'embrasser et lui dire adieu.

« Eh quoi! lui dit le solitaire, l'avarice des Castillans n'est donc pas encore assouvie, et vous allez chercher pour eux de nouveaux bords à ravager!

— Le Ciel m'est témoin, répondit Alonzo, que c'est la gloire qui me conduit.

— La gloire! ah! reprit l'homme juste, en est-il pour les assassins? en est-il à tomber sur un troupeau timide d'hommes nus, faibles, désarmés, à les égorger sans péril avec une cruauté lâche? Votre gloire est celle du vautour lorsqu'il déchire la colombe. Non, mon ami, je vous le dis, la honte et la douleur dans l'âme, rien ne peut effacer l'opprobre dont se couvrent les Castillans. Ils trahissent leur Dieu, leur prince, leur patrie; et leur avarice insensée se trompe en croyant s'assouvir. Hélas! s'ils avaient bien voulu ménager leur conquête, l'Inde serait heureuse, l'Espagne serait opulente; mais par l'abus honteux qu'ils font de la victoire ils auront épuisé l'Espagne et ruiné l'Inde sans fruit.

— Eh bien! voici, lui dit Alonzo, le moment de les éclairer. Je ne connais Pizarre que par sa renommée, mais on me l'a peint généreux; il est digne peut-être, ô mon ami, d'entendre de votre bouche la voix de l'humanité. Pourquoi ne demandez-vous pas à le suivre dans sa conquête ? Venez ; vos conseils, votre zèle, vous rendront respectable et cher à mes compagnons comme à moi. »

Aux instances d'Alonzo Barthélemy s'émeut ; il sent réveiller dans son cœur son activité bienfaisante, et l'espoir d'être utile aux hommes ranime son ardeur ; mais la réflexion, la triste prévoyance le découragent de nouveau.

« Molina, dit-il au jeune homme, vous connaissez mon cœur ; je ne verrais jamais patiemment faire du mal aux Indiens ; je parlerais pour eux sans ménagement et sans crainte, et vous-même peut-être, exposé à la haine de ceux que j'aurais offensés, vous vous plaindriez de mon zèle.

— Venez, lui dit Alonzo, et ne pensons qu'au bien que votre présence peut faire. Qui sait les crimes et les maux que vous épargnerez au monde ? Et quels reproches ne vous feriez-vous pas de n'avoir eu qu'à vous montrer pour sauver des millions d'hommes, et de ne l'avoir pas voulu ?

— C'en est assez, lui dit Las-Casas ; je ne vous laisserai pas croire que j'ai renoncé par faiblesse à l'espérance d'être utile à ces infortunés : je vous suivrai. Fasse le Ciel que Pizarre daigne m'entendre ! »

Ils partent ensemble, et bientôt le vaisseau qui les a reçus aborde au rivage de l'isthme. On y débarque à l'embouchure du fleuve des Lézards, et pour le remonter on s'élance sur des canots. Chacun de ces canots, formé du creux d'un cèdre, porte vingt rameurs indiens qu'un farouche Espagnol commande. Mais ces rameurs, animés par les cris d'une jeunesse impatiente, redoublent en vain leurs efforts ; le fleuve leur oppose tant de rapidité, qu'ils ont peine à le vaincre, et ne vont contre le torrent qu'avec une extrême lenteur. Celui qui les commande semble leur faire un crime de la violence des eaux. Leur corps, ruisselant de sueur, est meurtri de verges sanglantes. Hors d'haleine et presque aux abois, ils souffrent leurs maux sans se plaindre ; seulement des larmes muettes tombent sur leur rame et se mêlent avec les gouttes de sueur qu'on voit distiller de leur sein ; quelquefois ils lèvent sur celui qui les frappe un regard douloureux et tendre qui semble implorer la pitié.

Las-Casas, témoin de tant de barbarie, éprouve le tourment d'un père qui voit déchirer ses enfants.

« Cessez, cruels, dit-il, cessez de tourmenter ces malheureux qui se consument en efforts pour votre service. Voulez-vous les voir expirer ? Ils sont hommes, ils sont vos frères, ils sont enfants du même Dieu que vous. »

Alors, s'adressant au plus jeune et au plus faible des rameurs :

« Mon ami, lui dit-il, respirez un moment, je vais ramer à votre place. »

Les jeunes Espagnols, touchés de ce spectacle, s'empressèrent tous à l'envi de soulager les Indiens. Ceux-ci tendaient les mains à l'homme bienfaisant qui leur procurait ce relâche, le comblaient de bénédictions, et lui donnaient le tendre nom de père qu'il avait si bien mérité.

Alors Molina, s'approchant de Las-Casas, lui dit tout bas avec un mouvement de joie :

« Eh bien ! mon père, vous repentez-vous à présent de nous avoir suivis ? »

Barthélemy le regarda d'un œil où la tendre compassion et la tristesse étaient peintes, et ne lui répondit que par un profond soupir.

Il est un village connu sous le nom de Crucès, où le fleuve cesse d'être navigable ; ce fut là que, obligé de quitter les canots, on suivit à travers les bois une longue et pénible route ; mais toute pénible qu'elle est, la fatigue en est adoucie quand, du haut des coteaux, le regard se promène sur des vallons que la nature se plaît à parer de ses mains, où la variété des arbres et des fruits, la multitude des oiseaux peints des couleurs les plus brillantes, forment un coup d'œil enchanteur. Hélas, dans ces climats si beaux, tout ce qui respire est heureux ; l'homme, souffrant et misérable, y gémit seul sous le joug de l'homme, et remplit de ses plaintes les antres solitaires qui le cachent à son tyran.

De montagne en montagne on s'élève, on parvient jusqu'au sommet qui les domine, et d'où la vue au loin s'étend vers l'un et l'autre bord sur l'immense abîme des eaux ; de là se découvrent à la fois, d'un côté l'océan du Nord, de l'autre la mer Pacifique, dont la surface dans le lointain s'unit avec l'azur du ciel.

« Compagnons, leur dit Molina, saluons cette mer, cette terre inconnue où nous allons porter la gloire de nos armes. Si Magellan s'est rendu immortel pour avoir seulement reconnu ces pays immenses, quelle sera la renommée de ceux qui les auront soumis! »

Il descend la montagne, et bientôt approchant des murs où Davila commande, il lui fait annoncer cent jeunes Castillans qui viennent s'offrir à Pizarre pour aller chercher avec lui la gloire et les dangers.

Le farouche tyran de l'isthme était plongé dans la douleur; il venait de perdre son fils unique à la poursuite des sauvages.

« Soyez les bienvenus, dit-il aux jeunes Castillans, et prenez part à la désolation d'un père dont ces féroces Indiens ont dévoré le fils. Oui, les cruels l'ont dévoré ce fils, mon unique espérance! Ah! tout leur sang peut-il jamais rassasier ma fureur? Poursuivez, massacrez cette race impie et funeste; s'il en échappe un seul, je ne me croirai point vengé. »

Pizarre fit un accueil plus doux aux nouveaux compagnons que lui amenait la fortune; il les reçut sur son vaisseau avec cet air plein de franchise et d'affabilité qui lui gagnait les cœurs; et après les éloges qu'il devait à leur zèle, il leur présenta ses amis.

« Voilà, dit-il, le généreux Almagre et le pieux Fernand de Lucques, qui consacrent, à mon exemple, leur fortune à cette entreprise. Près de lui vous voyez Valverde, qui sera parmi nous l'interprète du Ciel.

« Ce guerrier est Salcedo, noble et vaillant jeune homme : c'est à ses mains que l'étendard de la Castille est confié ; et c'est lui qui nous conduira dans le chemin de la victoire. Vous voyez dans Ruiz un savant pilote à qui cette mer est connue, et qui le premier a tenté d'en parcourir les écueils sous l'intrépide Balboa. » Il leur nomma de même avec éloge Peralts, Ribera, Seralure, Aleon, Candic, Oristan, Salamon, et tous ceux qui l'accompagnaient.

Alonzo lui nomme à son tour les Castillans qu'il lui amène, tels que le jeune et beau Mendoce, l'audacieux Alvar, le bouillant et fougueux Pennate, et Velasquès plus froidement superbe, et le magnanime Moscose, et Moralès, qui, le premier, devait périr en abordant. Infortuné jeune homme ! tu portais dans tes yeux le courage d'un immortel ! Pizarre en connaît un grand nombre, ou par leur renommée, ou par celle de leurs aïeux. Il leur témoigne à tous combien il est sensible à l'honneur de les commander. Ses regards s'attachent enfin sur l'humble et pieux solitaire qu'il voit à côté d'Alonzo. « Est-ce encore là, demande-t-il, un messager de la Foi que son zèle engage à nous suivre ? »

Au nom de Las-Casas, au nom de ce héros de la religion et de l'humanité, que l'Espagne avait honoré du nom de *Protecteur de l'Inde,* Pizarre est saisi de respect, et, se prosternant devant lui, croit adorer la vertu même. « Est-ce vous, lui dit-il, vénérable et pieux mortel, est-ce vous qui venez bénir et encourager nos travaux? Quel présage pour moi de la faveur du Ciel et du succès de mon entreprise!

— Vaillant et généreux Pizarre, lui répondit le solitaire, le seul témoignage assuré de la faveur du Ciel est dans le cœur de l'homme juste. Méritez-la par vos vertus, et n'enviez point aux méchants des succès dont le Ciel s'irrite. La gloire d'être humain, sensible et bienfaisant, sera pure, et d'autant plus belle que vous aurez peu de rivaux. »

Le vaisseau, pour mettre à la voile, attendant un vent favorable, on tint conseil, et là on entendit Pizarre exposer son plan, ses moyens, ses mesures et ses ressources. Fernand de Lucques, chargé du soin de pourvoir aux besoins de la flotte, devait rester ici à Panama, tandis qu'Almagre voyagerait sans cesse du port de l'isthme aux bords où l'on allait descendre, et y mènerait les secours: rien n'avait été négligé, et la prudence de Pizarre, en prévoyant tous les obstacles, semblait les avoir aplanis: tel fut l'éloge unanime qu'elle reçut dans le conseil.

Mais Las-Casas, qui, dans ce plan, voyait les Indiens vassaux des Castillans, ou plutôt leurs esclaves destinés aux plus durs travaux, ne put renfermer sa douleur. Il demande à parler. On lui prête silence, et, la tristesse dans les yeux: « J'entends, dit-il, qu'on se propose de distribuer les Indiens comme de vils troupeaux. On l'a fait dans les îles, les îles ne sont plus que d'effrayantes solitudes. Des millions d'infortunés ont péri sous le joug. Suivrez-vous ces exemples, et ferez-vous périr de même les peuples de ces bords? »

Chacun s'empressa de répondre qu'on les ménagerait. « Il n'en est qu'un moyen, continua le solitaire, c'est de ne laisser à personne le pouvoir de les opprimer. Qu'ils soient sujets, mais sujets libres. Le même roi, la même loi, et, comme je l'espère, le même Dieu que nous ; mais jamais d'autre dépendance : voilà leur droit que je réclame au nom de la nature, à la face du Ciel.

— Vertueux Las-Casas, lui répondit Pizarre, vos vœux et les miens sont d'accord. Faire adorer mon Dieu, faire obéir à mon roi, imposer à ces peuples un tribut modéré, établir entre eux et l'Espagne un commerce utile pour eux autant qu'avantageux pour elle, voilà ce que je me propose. Fasse le Ciel que, sans user de contrainte et de violence, je puisse l'obtenir!

— Je vous en suis garant, reprit vivement Las-Casas. Mais, Pizarre, promettez-moi que, si ces peuples sont dociles, s'ils souscrivent à des lois justes, s'ils ne demandent qu'à s'instruire, ils seront libres comme nous ; que leurs jours, leurs biens, leur repos seront protégés par vos armes ; que l'honnêteté, la pudeur, la timide et faible innocence auront en vous un défenseur, un vengeur.

— Je vous le promets.

— Que vous ne souffrirez jamais qu'on les arrache à leur patrie, qu'on les condamne à des travaux, qu'on exige d'eux, par la crainte, la menace et les châtiments, au delà du tribut imposé par vous-même.

— Telle est ma résolution.

— Eh bien ! jurez-le donc à Dieu, et que tous vos amis le jurent. »

A ce discours, un bruit confus se répandit dans l'assemblée ; ceux qui s'étaient partagés d'avance la dépouille des Indiens, voyant leurs espérances trompées, ne purent soutenir le langage modéré de Las-Casas ; ils se répandirent en injures contre lui ; l'accusèrent de trahir le roi, la patrie et Dieu lui-même ; lui donnant les noms odieux de délateur, de partisan du schisme et de l'impiété. Pizarre, à qui ces hommes violents et pervers étaient trop nécessaires, commença par les apaiser, et puis, s'adressant à Las-Casas, lui dit d'un air respectueux que son zèle méritait bien la gloire qu'il lui avait acquise ; que ses conseils et ses maximes lui seraient à jamais présents, qu'il les suivrait autant qu'il lui serait possible, mais qu'il croyait que sa parole était un gage suffisant.

Le solitaire, consterné, se retire avec Alonzo.

« Vous voyez, dit-il, mon ami, qu'ici mon zèle est inutile. Je vous l'avais bien dit. Cette épreuve m'éclaire, n'en demandez pas davantage. Je crois connaître assez Pizarre ; il serait juste et modéré si chacun consentait à l'être ; mais il veut réussir, et son ambition fera céder aux circonstances sa droiture et son équité. Je ne vous propose point de renoncer à le suivre : ce serait affaiblir le nombre et le parti des gens de bien. Mais moi, dont la présence est déjà importune et serait bientôt odieuse, je n'ai plus désormais qu'à regagner ma solitude. Adieu. Si vous voyez tourner cette conquête en brigandage, prenez conseil de votre cœur, il vous conduira toujours bien. »

Alonzo, déjà mécontent de tout ce qui s'était passé, fut surtout indigné de voir qu'on se délivrait de Las-Casas ; et lui-même il l'aurait suivi si son honneur trop engagé ne l'avait retenu. « Mon ami, lui dit-il, je reste, je vous obéis à mon tour ; mais j'observerai la conduite et les intentions de Pizarre : j'éprouverai dans peu s'il tient ce qu'il vous a promis, et si j'ai le malheur d'être avec des brigands, soyez bien assuré que je n'y serai pas longtemps. »

CHAPITRE IV.

Las-Casas visite les Indiens réfugiés dans les montagnes de l'isthme. — Délivrance de Gonzalve. — La retraite des Indiens est découverte.

Barthélemy fut ramené jusqu'au fleuve des Lézards. Il monte une barque indienne, et la rapidité du fleuve l'éloigne bientôt de Crucès. Libre et seul avec ses sauvages, il leur parlait, il jouissait de leurs caresses naïves, il tâchait de les consoler.

L'un d'eux lui dit: « Notre bon père, tu nous aimes et tu nous plains. Nous savons tout ce que tu as fait pour soulager notre misère. Veux-tu porter la joie chez nos amis de la montagne ? Ils savent que nous t'avons vu : Capana, le chef de nos frères, donnerait dix ans de sa vie pour te posséder un moment. Viens le voir. Le sentier qui mène à sa retraite est rude, étroit, entrecoupé de torrents et de précipices ; mais sur des tissus de liane nous te porterons tour à tour. »

A ces mots, deux ruisseaux de larmes coulèrent des yeux de Las-Casas ; et tant de courses d'un monde à l'autre, tant de peines et de travaux qu'il avait essuyés pour eux, tout fut récompensé.

« Quoi, sur l'isthme ! quoi, près d'ici, des Indiens libres encore ! Ah ! du moins sont-ils bien cachés, demanda-t-il, et Davila ne peut-il pas les découvrir ?

— Leur asile est sûr, lui dirent les sauvages ; nous seuls en connaissons la route, et le silence est sur nos lèvres : nous savons nous taire et mourir. »

Las-Casas consent à les suivre. On laisse le canot dans une anse du fleuve ; et, à travers d'épais buissons, on s'enfonce dans ces déserts.

Comme ils passaient un défilé entre deux hautes montagnes, un cri fit retentir les bois. Les Indiens pâlirent, leurs cheveux se dressèrent. C'était le cri du tigre, ils l'avaient reconnu. Immobiles et en silence, ils écoutèrent : le même cri se fait entendre de plus près. Alors, jugeant que le péril approche, et que le tigre vient sur eux, ils se rassemblent, ils se pressent autour de Las-Casas. « Laisse-nous t'entourer, lui disent-ils, et ne crains rien, ne crains rien ; il n'en prendra qu'un, et ce ne sera pas toi. » En effet, l'animal féroce, pour franchir le vallon, ne fait que trois élans, et, saisissant un Indien, l'emporte dans les bois sans ralentir sa course. Le pieux solitaire lève les mains au ciel en poussant un cri lamentable, et tombe oppressé de douleur. Bientôt reprenant ses esprits, et se trouvant au milieu de ses Indiens qui le rappellent à la vie : « Ah ! mes amis, qu'ai-je vu, leur dit-il.

— Allons, mon père, prends courage, lui répondent ces malheureux, ce n'est rien.

— Ce n'est rien, grand Dieu !

— Non, ce n'est rien que les tigres en comparaison des Espagnols.

— O race impie et féroce, quelle honte pour vous ! s'écria Las-Casas, vous réduisez les Indiens à ne pas se plaindre des tigres ! »

Enfin, de rochers en abimes, ils approchent de la vallée. Elle était entourée d'un cercle de montagnes couvertes d'épaisses forêts, et qui, de tous côtés, ne présentaient aux yeux qu'une masse énorme et profonde, sans laisser soupçonner le vide que leur enceinte renfermait.

A travers l'épaisseur des bois on s'avance, on gravit, on franchit enfin les montagnes. Tout à coup aux yeux de Las-Casas se découvre un riche vallon dont la fertilité l'enchante. Au centre de la plaine s'élevait un hameau, et au milieu du hameau, la cabane du cacique.

À l'approche des Indiens, leurs compagnons accoururent impatients d'apprendre ce qu'ils leur viennent annoncer. « Nous vous amenons notre père, disent ceux-ci avec transport; le voilà, c'est lui, c'est Las-Casas. » A ce mot, rien ne peut exprimer l'allégresse de ce peuple reconnaissant. Leurs bras se disputent la gloire de le porter en triomphe jusqu'au village, où le cacique a déjà su l'arrivée de Las-Casas.

Il s'avance au-devant de lui, et lui tendant les bras : « Viens, lui dit-il, mon père; viens consoler tes enfants de tous les maux qu'on leur a faits : en te voyant ils les oublient. » Las-Casas jouissait du bonheur le plus doux que puisse goûter sur la terre un cœur vertueux et sensible. « O mes amis, leur disait-il en les embrassant tour à tour, si vous m'aimez si tendrement, moi qui ne vous ai fait aucun bien, quel n'eût pas été votre amour pour un peuple qui eût mis sa gloire à vous donner des arts utiles, de sages lois, de bonnes mœurs, et un culte agréable au Dieu de l'univers !

— Ah! mon père, dit le cacique, nous aurions adoré ce peuple généreux. Laissons les regrets inutiles. Le seul homme entre ces barbares qui ait été juste et bienfaisant, nous le possédons. Je ne veux t'occuper que de notre joie. »

Il le mena dans sa cabane, et quelle fut la surprise de Barthélemy, en y voyant sur un autel une statue de bois de cèdre, où ses traits étaient ébauchés! Le cacique lui dit: « Regarde; c'est toi, mon père, oui, c'est toi-même. Un de nos Indiens qui t'avait vu et qui t'avait toujours présent, m'a fait ta ressemblance. Elle nous suit partout, c'est elle que nous invoquons dans toutes nos entreprises; et, depuis que nous la possédons, tout nous a réussi. »

Las-Casas, qui d'abord n'avait pu se défendre d'un mouvement de reconnaissance, se reprocha ce sentiment; et, parlant au cacique d'un air doux et sévère: « Renversez, dit-il, cette image; un simple mortel n'est pas digne de votre vénération. » A ces mots, il allait saisir la statue pour la briser. Le cacique la défendit comme il eût défendu ses enfants et sa femme. « Ah! lui dit-il, laisse-nous cette chère ombre de toi-même. Quand tu ne seras plus, elle rappellera à nos enfants, à nos neveux, le seul ami que nous ayons eu parmi nos cruels oppresseurs. »

Tout le peuple s'assemble autour de la cabane, et demande à voir Las-Casas. Il se montre, et l'air retentit de ce cri d'allégresse: « Le voilà, l'homme juste, l'homme bienfaisant; le voilà, il nous aime, il nous plaint, il vient voir ses amis. Qu'il reste avec nous, l'homme juste: nos cœurs et nos biens sont à lui. »

Cependant de jeunes chasseurs se sont répandus dans la plaine, les uns perçant les oiseaux de l'air de leurs flèches inévitables, les autres forçant à la course les chevreuils moins agiles qu'eux. La proie arrive en affluence, et le festin est préparé.

Assis à côté du cacique, et au milieu de sa famille, Las-Casas s'instruit de leurs lois, de leurs mœurs et de leur police. La nature est leur guide et leur législateur. S'aimer, s'aider mutuellement, éviter de se nuire, honorer leurs parents, obéir à leur roi, s'attacher à une compagne qui les soulage dans leurs travaux et qui leur donne des enfants, sans que le soupçon même de l'infidélité trouble cette union paisible; cultiver en commun leurs champs et s'en distribuer les fruits : telle était leur société.

« Eh bien! dit Las-Casas, c'est la loi de mon Dieu qu'il a gravée dans vos âmes : vous le servez sans le connaître; et c'est sa voix qui vous conduit!

— Ton Dieu, il est notre ennemi, dit le cacique; il est le Dieu des Espagnols.

— Le Dieu des Espagnols n'est point votre ennemi : il est le Dieu de la nature entière, et nous sommes tous ses enfants.

— Ah! s'il est vrai, dit le cacique, nous cherchons un Dieu qui nous aime; celui de Las-Casas doit être juste et bon, et nous voulons bien l'adorer. Hâte-toi, fais-le-nous connaître. » Alors se livrant à son zèle, Las-Casas leur fit de son Dieu une peinture si vive et si touchante, que le cacique, se levant avec transport, s'écria : « Dieu de Las-Casas, reçois nos vœux! » Et tout son peuple répéta ces mots après lui.

Dans ce moment, le cacique, regardant le solitaire, crut voir sur son visage un éclat tout divin;

car la piété l'animait; il était rayonnant de joie. « Écoute, lui dit-il, ton Dieu ne se fait-il jamais voir aux hommes?

— Ils l'ont vu, répondit Las-Casas; il a même daigné habiter parmi eux.

— Sous quels traits?

— Sous les traits d'un homme.

— Achève : n'es-tu pas toi-même ce Dieu qui vient nous consoler?

— Moi!

— Si tu l'es, cesse de nous cacher ce que tant de vertu annonce. Parle, nous allons t'adorer. »

Barthélemy se confondit dans une humilité profonde, et rejeta loin cette erreur. Mais avant d'exposer des vérités sublimes à l'incrédulité de ces faibles esprits, il voulut savoir quel était leur culte.

« Hélas! nous adorions le tigre, comme le plus terrible des animaux. Mais que ton Dieu n'en soit point jaloux : c'était le culte de la crainte, et non pas celui de l'amour.

— Allons, allons, dit Las-Casas, renverser cette horrible idole. » Et les Indiens, animés du zèle qu'il leur inspirait, couraient au temple sur ses pas.

D'une grotte profonde, voisine de ce temple, Barthélemy crut entendre sortir des gémissements.

« Qu'est-ce? demanda-t-il.

— Passons, dit le cacique; épargne à tes amis la honte de te montrer des malheureux. » Sans vouloir insister, Barthélemy s'avance jusqu'à ce temple abominable, où l'on voyait le dieu-tigre sur un autel rougi de sang. « Quel est le sang, demanda-t-il encore, qu'on a versé sur cet autel?

— Celui des animaux, répondit le cacique, et quelquefois...

— Achève.

— Celui des Espagnols.

— Des Espagnols!

— Lorsqu'ils pénètrent jusqu'au centre de ces forêts, il faut bien les tuer ou les prendre vivants. Et que faire de ces captifs, à moins que de les immoler? S'il en échappait un seul, notre asile serait connu, et notre perte inévitable. Tu viens d'entendre la plainte d'un malheureux jeune homme qui nous fait compassion. Je ne puis me résoudre à le faire mourir. Cependant il faut bien qu'il meure; car, s'il nous échappait, il irait nous trahir. »

Las-Casas demande à le voir; et, après avoir fait briser l'autel et l'idole du tigre, il retourne vers la prison où le jeune homme est enfermé.

Le captif, en voyant entrer ce religieux vénérable, ne douta point que ce ne fût encore un nouveau martyr de la foi qu'on allait immoler. « O mon Père! venez, dit-il, m'encourager par votre exemple; venez apprendre à un jeune homme à se détacher de la vie, à mourir courageusement. »

Mais dès qu'il s'aperçut que le solitaire était libre, qu'il commandait aux Indiens de s'éloigner, et que ceux ci lui obéissaient : « Ah! reprit-il, que vois-je? et quel est cet empire que vous exercez parmi eux? Êtes-vous un ange du ciel, descendu pour ma délivrance ? Parlez ; dites-moi qui vous êtes. Je sens revenir l'espérance dans ce cœur qu'elle abandonnait.

— Je suis Espagnol comme vous, lui dit le solitaire ; mais, n'ayant jamais trempé dans les crimes de ma patrie, je suis libre et chéri parmi les Indiens.

— Hélas ! et moi, lui dit Gonsalve (c'était le nom du jeune homme), qu'ai-je fait que je n'aie dû faire, et dont j'aie pu me dispenser ? Je suis le fils de Davila, du gouverneur de l'isthme. Il m'avait envoyé à la poursuite des sauvages. Mes compagnons et moi, à travers les forêts, nous avons pénétré dans ce vallon ; les Indiens nous ont enveloppés, nous ont accablés sous le nombre ; les plus heureux des miens ont péri dans le combat, le reste a été pris ; et sur l'autel du tigre je les ai vu tous immoler. Moi seul ils m'épargnent encore : soit que ma jeunesse ait touché ces inhumains et que mes larmes leur inspirent quelque pitié, soit que leur cruauté m'ait voulu réserver pour un nouveau sacrifice, ils me laissent languir dans ce triste abandon et dans l'attente de la mort, plus cruelle que la mort même. Hélas ! pardonnez à mon âge un excès de faiblesse dont je rougis en l'avouant. La vie m'est chère, il m'est affreux de la quitter à son aurore. Elle devait avoir tant de charmes pour moi ! Il m'eût été si doux de revoir ma patrie ! Et quand je pense que ces beaux jours, ces jours délicieux que j'y devais passer sont évanouis pour jamais, je tombe dans le désespoir. Si du moins j'étais mort au milieu des combats, et par les mains d'un ennemi digne d'honorer mon courage! Mais ici, mais sur les autels d'un peuple stupide et féroce, me sentir tout vivant déchirer les entrailles, et voir aux pieds du tigre allumer mon bûcher! cette destinée est affreuse. Ah! s'il se peut, délivrez-moi de ces mains inhumaines; rendez-moi à mon père. Il n'a que moi, je suis son unique espérance; ces barbares l'en ont privé.

— Mon ami, lui dit Las-Casas, que vous êtes loin encore d'être changé par le malheur! Vous, fils de Davila, vous appelez barbares ces peuples dont lui-même il fait, depuis dix ans, le massacre le plus horrible! Hélas! combien de pères, privés par ses fureurs de leur seule et douce espérance, se sont vus égorgés eux-mêmes en implorant à ses genoux la grâce de leurs enfants! Il a versé plus de flots de sang que vous n'en avez de gouttes dans les veines; et le peuple enfermé dans ces forêts profondes n'est que le malheureux débris de ceux qu'il a exterminés. Vous voyez qu'il poursuit encore ce qui lui en est échappé. Ils sont perdus s'il les découvre; et lui rendre son fils, vous l'avouerez vous-même, ce serait risquer qu'un secret d'où leur salut dépend ne lui fût révélé.

— Ah! gardez-vous, lui dit Gonsalve, de leur apprendre qui je suis.

— Moi! dit Las-Casas, les tromper, leur cacher le péril de votre délivrance! Non, ce serait leur tendre un piége Si je parle pour vous, je dirai qui vous êtes; on saura ce que je demande, ce qu'on risque à me l'accorder. Ou mon silence, ou ma franchise; c'est à vous de choisir.

— Choisir! de tous côtés je ne vois que la mort. Je m'abandonne à vous.

— Reprenez donc courage. Mais tirez de l'état où vous êtes réduit cette utile et grande leçon, que le droit de la force est un droit odieux; que, si les Indiens l'exerçaient à leur tour et se permettaient la vengeance, il n'est point de supplice auquel ne dût s'attendre le fils du cruel Davila; que l'état naturel de l'homme est la faiblesse; qu'à votre place il n'en est point qui ne fût timide et tremblant; que l'orgueil, dans un être si voisin du malheur, est le comble de la démence; et qu'exposé lui-même chaque jour à devenir un objet de pitié, il est aussi insensé que méchant lorsqu'il ose être impitoyable.»

Las-Casas, de retour auprès de Capana: «Cacique, lui dit-il, n'es-tu pas soulagé comme d'un joug triste et pénible de ne plus adorer un être malfaisant et de servir un Dieu clément et juste?

— Il est vrai, lui dit le cacique, que nos cœurs, flétris par la crainte, semblent ranimés par l'amour.

— Oui, mon ami, l'homme est fait pour aimer. La haine, la vengeance, toutes les passions cruelles sont pour lui un état de gêne, d'angoisse et d'avilissement. Il se sent élever, il sent qu'il se rapproche de l'être excellent qui l'a fait, à mesure qu'il est plus doux, plus magnanime. Étouffer son ressentiment et triompher de sa colère, opposer les bienfaits à l'injure qu'on a reçue, en accabler son ennemi, c'est un plaisir vraiment divin.

— Je le conçois, dit le cacique.

— Non, tu ne peux le concevoir avant de l'avoir éprouvé; mais il ne tient qu'à toi de jouir pleinement de ce plaisir pur et céleste. Fais venir ce jeune captif qui tremble et gémit dans tes chaînes, et dis-lui en le délivrant : Fils du désolateur de l'isthme, fils du meurtrier de nos pères, de nos femmes, de nos enfants; fils de Davila, je pardonne à ton âge et à ta faiblesse. Vis, apprends d'un sauvage à imiter ton Dieu.

— Le fils de Davila! s'écria le cacique; quoi! c'est lui que je tiens captif! » A ces mots, ses yeux irrités s'enflammèrent comme la foudre. « Oui, c'est le fils de Davila, reprit le solitaire avec un air tranquille; c'est lui que tu peux déchirer, dévorer même si tu veux. Mais écoute-moi : à peine ta vengeance sera-t-elle assouvie, tu seras triste, et tu diras : Le voilà égorgé, et son sang répandu ne rend la vie à aucun des miens; ma fureur est donc inutile : j'ai fait périr le faible, peut-être l'innocent, et je suis coupable sans fruit.... Sa vie est dans tes mains; choisis de renoncer à mon Dieu ou à ta vengeance, et reprends le culte du tigre si tu veux t'abreuver de sang.

— J'adore le Dieu de Las-Casas, dit le cacique. Mais, toi-même, crois-tu qu'il me commande de laisser impunis tous les maux qu'un barbare nous a faits depuis dix ans?

— Oui; la loi de mon Dieu te prescrit le pardon et l'amour de tes ennemis.

— L'amour?

— Ne sont-ils pas ses enfants comme toi? ne les aime-t-il pas lui-même? Et peux-tu adorer le père sans aimer les enfants? Plains-les d'être coupables, et souhaite qu'ils cessent d'être méchants; mais ne sois pas méchant comme eux, et mérite, par ta clémence, que ton Dieu en use envers toi.

— Tu me confonds; mais tu me touches, dit le cacique. Allons, qu'exiges-tu de moi? Qu'au fils du cruel Davila je pardonne comme à mon frère? j'y consens. Qu'on me l'amène ici, je briserai sa chaîne et je l'embrasserai. Mais qu'en ferai-je après lui avoir permis de vivre? S'il échappe, il divulguera le secret de notre asile, et tu auras perdu tes amis.

— J'ai cette crainte comme toi, lui répondit le solitaire, et je ne veux, quant à présent, qu'adoucir sa captivité. »

Gonsalve attendait avec impatience le retour de Las-Casas. « Eh bien! lui dit-il en entrant, qu'avez-vous obtenu?

— Qu'on vous laisse la vie.

— Ah! mon père! et la liberté, l'ai-je perdue pour jamais?

— Je vous ai déjà dit que le salut de ces malheureux Indiens tient au secret de leur asile.

— Je le sais; mais répondez-leur qu'il ne sera jamais trahi par moi.

— Comment répondrais-je de vous? dit le solitaire ; à votre âge on ne répond pas de soi-même. C'est à vous de gagner l'estime du cacique, et d'obtenir avec le temps qu'il daigne se fier à vous.

— Et lui avez-vous dit qui je suis ? demanda Gonsalve.

— Oui, sans doute.

— Je suis perdu !

— Non, vous ne l'êtes pas. Je vais vous mener devant lui.

— Jeune homme, lui dit le cacique en le voyant, adores-tu le Dieu qu'adore Las-Casas?

— Oui, répond Davila.

— Crois-tu que nous soyons enfants de ce Dieu comme toi ?

— Je le crois.

— Nous sommes donc frères. Pourquoi venir tremper tes mains dans notre sang?

— J'obéissais.

— A qui?

— Vous le savez assez.

— Oui, je sais que tu es né du plus méchant des hommes et du plus cruel envers nous. Mais Las-Casas me dit que son Dieu et le mien m'ordonne de te pardonner. Je te pardonne. Viens, embrasse ton ami. »

Le jeune homme, à ces mots, tombe aux pieds du cacique. « Que fais-tu ? lui dit le sauvage ; ne sommes-nous pas frères ? n'es-tu pas mon égal?» Il dit, et lui tendant la main il le délivra de ses chaînes.

Gonsalve fut dès ce moment parmi les Indiens comme dans sa patrie et comme au sein de sa famille. On le gardait, mais sans contrainte; et la seule liberté qu'il n'eût pas était celle de s'échapper. Las-Casas le voyait sans cesse. Il eût voulu lui faire aimer la vie heureuse et simple de ce peuple sauvage; mais le jeune homme ne l'écoutait qu'en poussant de profonds soupirs. « Me voilà, disait-il, instruit par le malheur, par vos leçons, par leur exemple ; qu'ils daignent se fier à moi et me mettre en état de détromper mon père, de le fléchir, de lui apprendre à les connaître, à les aimer. Ils m'ont déjà laissé la vie; je leur devrai la liberté. Ces bienfaits toucheront un père : il cèdera aux larmes de son fils. »

A cet âge on ne sait pas feindre avec tant d'art et de noirceur, et Las-Casas ne doutait pas que Gonsalve ne fût sincère; mais il le connaissait trop faible pour oser compter sur sa foi. « Vous êtes sans doute à présent bien déterminé à ne pas trahir ce bon peuple; mais je prévois tout l'ascendant d'un père ; et je ne répondrai jamais qu'il ne vienne à bout de surprendre ou d'arracher votre secret. Ce que je vous dis là, je l'ai dit de même au cacique. C'est lui que le péril regarde, c'est à lui de se consulter.

« Je laisse, dit-il à Capana, ton captif dans l'affliction. Il soupire ardemment pour la liberté. Je t'ai fait voir tout le danger de le renvoyer à son père; mais je ne dois pas te dissimuler l'avantage de ce bienfait. Il peut arriver que son père vous découvre, et alors vous auriez pour appui ce jeune homme, à qui ta clémence aurait fait un devoir sacré de ne t'abandonner jamais. L'amour paternel a des droits sur les tyrans les plus farouches ; c'est le dernier endroit sensible par où l'âme s'endurcit. Après cela, décide-toi sur le parti que tu dois prendre : j'ignore comme toi quel serait le plus sage, et tu sais aussi bien que moi quel serait le plus généreux.

« Pour moi, dépourvu des moyens de célébrer ici nos augustes mystères, d'y établir le sacerdoce et d'y perpétuer le culte des autels, je vais vous chercher des pasteurs, et peut-être vous assurer un repos plus tranquille. Adieu. Je demande au Ciel et j'espère de vous revoir avant de descendre au tombeau. »

La désolation du jeune Davila fut extrême quand il apprit que Las Casas l'abandonnait Il alla se jeter aux pieds du cacique. « Ah! lui dit-il, pourquoi te défier d'un malheureux qui te doit tout ? La nature m'a fait un cœur sensible comme à toi ; mais eût-elle mis à la place le cœur du tigre que tu adorais, tes vertus l'auraient attendri. Tu m'as appelé ton ami, tu m'as embrassé comme un frère ; il y va de la vie et du salut de tes amis que ton asile soit inconnu ; il le sera par mon silence. J'en atteste mon Dieu, ce Dieu qui est devenu le tien.

— Oui, je te crois sensible et bon, dit le cacique ; mais tu es faible, et l'homme faible est toujours à la veille d'être méchant Comment braverais-tu l'autorité d'un père? tu n'as pas su braver la mort?

— La mort m'a causé de l'effroi, je l'avoue, dit le jeune homme en se levant avec fierté; mais si, pour éviter la mort, tu m'avais proposé un crime, tu aurais vu lequel des deux m'aurait le plus épouvanté. Puisque je n'ai pas ton estime, je ne te demande plus rien. Je renonce à la liberté, je te dispense même de me laisser la vie. » A ces mots, il se retira.

Le cacique, qui le suivait des yeux, et qui le voyait abattu de tristesse, sentit lui-même comme un poids dont son cœur était oppressé, la dureté de son refus. Il fit appeler Las-Casas. « Emmène avec toi ce jeune homme, lui dit-il, sa douleur me pèse et me fatigue; la présence d'un malheureux est insupportable pour moi.

— As-tu bien réfléchi? lui dit le solitaire.

— Oui, je sais qu'un mot de sa bouche nous perd, mon peuple et moi, nous livre à nos tyrans; mais la pitié l'emporte sur la crainte : je ne veux plus le voir souffrir. »

Si l'on a vu des enfants vertueux aux funérailles de leur père, d'un père tendre et bien-aimé, c'est l'image de la douleur des Indiens au départ de Las-Casas. Le cacique et son peuple, le visage abattu, les yeux baissés et pleins de larmes, l'accompagnèrent en silence jusqu'au bord de la forêt. Là, il fallut se séparer.

Témoin de leurs tristes adieux, Gonsalve renfermait sa joie. Le cacique ôtant son collier le jeta au cou du jeune homme, l'embrassa et lui dit : « Sois toujours notre ami ; et si jamais tu étais pressé par nos tyrans de leur découvrir où nous sommes, regarde ce collier, souviens-toi de Las-Casas, et demande à ton cœur si tu dois nous trahir. »

Les deux Espagnols, s'abandonnant à la foi de leurs guides, traversent avec eux des déserts et des forêts immenses, et arrivent à Crucès. Les Indiens s'éloignent. Barthélemy et Gonsalve, au moment de se séparer, s'embrassent tendrement. « Adieu, tu vas revoir ton père, dit le solitaire au jeune homme; souviens-toi du cacique, daigne penser à moi. Je n'entendrai point tes paroles, mais Dieu sera présent ; et ton cœur lui a juré d'être fidèle aux Indiens. »

Gonsalve retourne à Panama, et Las-Casas descend le fleuve jusqu'à la côte orientale, où un navire le reçoit et va le porter au rivage que baigne l'Ozama, en épanchant son onde dans le sein du vaste Océan.

Don Pèdre Davila pleurait l'héritier de son nom avec les larmes de l'orgueil, de la rage et du désespoir. En le voyant il se livra à tous les transports de la joie. « Le Ciel, lui dit-il, ô mon fils, le Ciel te rend aux vœux d'un père. Mais tous ces braves Castillans qui t'accompagnaient, que sont-ils devenus ?

— Ils sont morts, répondit Gonsalve. Les Indiens poursuivis nous ont enfin résisté, et nous avons succombé sous le nombre. Ils me tenaient captif; ls ont su qui j'étais, et leur chef m'a laissé la vie et m'a rendu la liberté. O mon père, si vous m'aimez, qu'un procédé si généreux vous touche et vous désarme... »

Le tyran ne l'écoutait pas. Interdit, indigné de voir qu'après le vaste et long carnage qu'il avait fait des Indiens, ils se défendissent encore, il ne cherchait que le moyen d'achever leur ruine, sans être sensible au bienfait qui seul aurait dû le toucher. « Oui, dit-il, je reconnaîtrai ce qu'ont fait pour toi les sauvages. Dis-moi où tu les as laissés et où s'est passé le combat.

— Il serait malaisé de retrouver mes traces dans ces déserts, lui répondit Gonsalve; et je me suis laissé conduire sans savoir moi-même où j'allais, d'où je venais...

— J'entends, reprit le père en observant son trouble : ils t'ont fait promettre sans doute de ne pas m'indiquer leur marche et leur retraite, et tu te crois lié par tes serments?

— Si j'avais promis, je tiendrais parole, dit le jeune homme; et je leur dois assez pour ne pas les trahir.

— Des nœuds plus sacrés vous engagent à votre Dieu, à votre roi, à votre patrie, à moi-même, insista le tyran. Vous avez vu tomber sous les coups des sauvages la moitié des miens; voulez-vous qu'ils exterminent le reste? En vous laissant la vie, ont-ils brisé leurs arcs? ont-ils promis de ne plus tremper leurs traits dans ce venin mortel qu'ils ont inventé, les perfides? Obéissez à votre père, et demain soyez prêt à nous servir de guide, car je veux marcher sur leurs pas. »

Gonsalve, réduit au choix, ou de trahir les sauvages, ou de tromper son père, ou de refuser d'obéir, prit le parti de la franchise et déclara que de sa vie il ne contribuerait au mal qu'on ferait à ses bienfaiteurs. Davila devint furieux; mais son fils, avec modestie, soutint sa résolution; et le reproche et la menace n'ayant pu l'ébranler, on eut recours à l'artifice, mais le jeune homme resta inébranlable.

Dès ce moment Gonsalve, odieux à son père, pleurait nuit et jour son malheur.

« Va-t'en, fils indigne de moi, lui dit ce père inexorable, après une nouvelle épreuve; va-t'en, fuis loin de moi; je ne veux plus souffrir tes outrages ni ta présence. Malheur à ceux qui de mon fils, d'un fils obéissant, respectueux, fidèle, ont fait un rebelle obstiné!

— Ah! mon père, dit le jeune homme en tombant à ses pieds, tout baigné de ses larmes, est-il possible que le refus d'être ingrat, perfide et parjure, m'attire un si dur traitement? Qu'exigez-vous de moi? Quelle haine obstinée portez-vous à ces malheureux? Ah! si vous aviez vu leur roi briser ma chaîne, m'embrasser, m'appeler son ami, son frère, me demander avec douceur quel mal ils nous ont fait, et pourquoi l'on oublie qu'ils sont hommes comme nous; vous-même, oui, vous-même, vous me feriez un crime de l'infidélité dont vous me faites une loi. Il m'est affreux de vous déplaire, mais il me serait, je l'avoue, plus affreux de vous obéir. Ne me réduisez point à ces extrémités ; ayez pitié d'un fils que votre haine accable, et qui, même en vous irritant, se croit digne de votre amour.

— Non, je n'ai plus de fils et tu n'as plus de père; délivre-moi d'un traître que je ne puis souffrir. »

Gonsalve, abattu, consterné, sortit du palais de son père, et lui fit demander quel lieu il lui marquait pour son exil.

« Les forêts qui recèlent sans doute les lâches qu'il m'a préférés, » répondit le père inflexible.

Le jeune homme reprit le chemin de Crucès, et s'en allant à travers le vaste silence des bois, il pleurait, mais il se disait à lui-même : « Je désobéis à mon père, je l'afflige et l'irrite au point qu'il m'éloigne à jamais de lui, et je ne sens dans ma douleur aucune atteinte de remords ; au lieu qu'en lui obéissant et en poursuivant les sauvages, mon cœur en était dévoré. Il est donc des devoirs plus saints que la soumission aux volontés d'un père ! Notre première qualité sans doute est celle d'homme, notre premier devoir est d'être humain. »

L'abandon où il était réduit, la douleur où il était plongé, l'imprudence et la bonne foi de son âge ne lui permirent pas de voir le piége qu'on lui avait tendu. Mais lorsqu'il eut percé l'obscurité des bois, et qu'en revoyant le vallon, son cœur soulagé commençait à sentir renaître la joie, quels furent son étonnement et sa douleur de se voir tout à coup entouré d'Espagnols qui lui ordonnaient, au nom du

vice-roi son père, de retourner avec eux à Crucès !
A la vue des Espagnols, deux Indiens qu'il avait
pris pour guides se sauvèrent dans le vallon et y
répandirent l'alarme. Dès ce moment, plus de sûreté pour le cacique et pour son peuple; leur asile
était découvert.

Le malheureux jeune homme, ramené à Crucès,
prenait la terre et le ciel à témoin de son innocence.
Il apprit qu'un navire allait faire voile pour l'île
Espagnole; il fit demander à son père qu'il lui fût
permis d'y passer, pour lui épargner, disait-il, le
spectacle de sa douleur. Le père y consentit, soit
pour se délivrer d'un témoin dont la vue l'accuse-
rait sans cesse, soit pour lui laisser exhaler dans cet
exil volontaire l'amertume de ses regrets.

Il arrive à l'île Espagnole; il demande où est Las-
Casas; il va se jeter dans son sein et lui dit son
malheur, qu'il appelle son crime, avec tous les regrets d'un cœur coupable et consterné.

« Mon ami, lui dit Las-Casas après l'avoir entendu, vous avez fait une imprudence, mais votre
cœur est innocent. Ce doit être un supplice affreux
pour un fils honnête et sensible de voir les maux
que fait son père : vous n'en serez plus le témoin.
Désormais rendu à vous-même, c'est en Espagne
qu'il faut aller vous offrir à votre patrie, et si elle
a besoin de votre sang, le verser pour elle sans
crimes contre de justes ennemis. Sollicitez votre
départ, et attendez ici que le roi y consente. »

Gonsalve, après avoir épanché sa douleur au sein

du pieux solitaire, sentit son courage renaître, et il resta auprès de son ami en attendant que le monarque lui eût permis de quitter ces bords.

CHAPITRE V.

Descente de Pizarre sur les côtes du Pérou. — Presque tous ses compagnons l'abandonnent ; il se retire avec douze hommes seulement sur l'île de la Gorgone. — Un vaisseau vient les prendre pour les ramener à Panama.

Cependant Pizarre avait mis à la voile, et déjà loin du rivage de l'isthme il s'avançait vers l'équateur. A travers les écueils d'une mer inconnue encore, sa course était pénible et lente ; la disette le menaçait, et il fallut bientôt risquer l'abord de ces côtes sauvages, mais il trouva partout des hommes aguerris. Dès qu'un village est attaqué, ses voisins accourent en foule et se présentent au combat ; le feu des armes les disperse, mais leur courage les rassemble. On en fait tous les jours un nouveau carnage, et tous les jours ces malheureux, dans l'espérance de venger leurs amis, reviennent périr avec eux. Le fer des Espagnols s'émousse, leurs bras se lassent d'égorger.

Un vieux cacique, autrefois renommé par sa prudence, mais alors accablé par les travaux et les années, était couché au fond d'un antre et n'attendait plus que la mort. Les cris de rage, de douleur et d'effroi retentirent jusqu'à lui. Il vit revenir ses deux fils couverts de sang et de poussière, et qui, s'arrachant les cheveux, lui dirent :

« C'en est fait, mon père, c'en est fait, nous sommes perdus !

— Eh quoi ! dit le vieillard en soulevant sa tête, sont-ils en si grand nombre ou sont-ils immortels ? Est-ce la race de ces géants qui du temps de nos pères étaient descendus sur ces bords ?

— Non, lui répond l'un de ses fils ; ils sont en petit nombre et semblables à nous, à la réserve d'un poil épais qui leur couvre à demi la face ; mais sans doute ce sont des dieux, car les éclairs les environnent, le tonnerre part de leurs mains ; nos amis écrasés nous ont couverts de leur sang, en voilà les marques fumantes.

— Je veux demain les voir de près ; portez-moi, dit le vieux cacique, sur cette roche escarpée d'où j'observerai le combat. »

Les Indiens, dès le point du jour, se rassemblèrent dans la plaine. Les Castillans les attendaient. Pizarre en parcourait les rangs avec un air grave et tranquille ; sous lui commandait Aléon, plus superbe et plus menaçant ; Molina était à la tête des jeunes Espagnols qu'il avait amenés. Ses yeux étaient baissés, son visage était abattu, non de crainte, mais de pitié : on croyait entendre l'humanité gémir au fond du cœur de ce jeune homme.

Un cri formé de mille cris fut le signal des Indiens ; et à l'instant une nuée de flèches obscurcit l'air sur la tête des Castillans. Mais de ces flèches égarées, presque aucune en tombant ne porta son atteinte. Pizarre se laisse approcher, et fait sur eux un feu terrible, dont tous les coups sont meurtriers ; ceux du canon font des vides affreux dans la masse profonde des bataillons sauvages ; trois fois elle en est ébranlée, mais la présence du vieux cacique soutient le courage des siens ; ils s'affermissent, ils s'avancent, et, se déployant sur les ailes, ils vont envelopper le petit nombre des Castillans. Pizarre fond sur eux avec un escadron rapide, et ces flots épais d'Indiens sont entr'ouverts et dissipés. Leur fuite ne présente plus que le pitoyable spectacle d'un massacre d'hommes épars, qui, désarmés et suppliants, tendent la gorge au coup mortel. Les bois et les montagnes servirent de refuge à tout ce qui put s'échapper.

Le vieillard, du haut du rocher, contemple ce désastre d'un œil pensif et morne. Il a vu le plus jeune de ses fils brisé comme un roseau par la foudre des Castillans ; son cœur paternel en a été meurtri, mais l'impression de ce malheur domestique est effacé par le sentiment plus profond de la calamité publique. Il fait rassembler autour de lui ses Indiens, et leur dit :

« Enfants du tigre et du lion, il faut avouer que ces brigands nous surpassent dans l'art de nuire. Ce feu meurtrier, ces tonnerres, ces animaux rapides qui combattent sous l'homme, tout cela est prodigieux. Mais revenez de l'étonnement que vous causent toutes ces nouveautés ; l'avantage du lieu et du nombre est à vous, profitez-en. Qui vous presse d'aller vous jeter en foule au-devant de vos ennemis? Pourquoi leur disputer la plaine? est-elle couverte de moissons? Ne voyez-vous pas la famine, avec ses dents aiguës et ses ongles tranchants, qui se traîne vers eux? Elle va les saisir, sucer tout le sang de leurs veines, et les laisser étendus sur le sable, exténués et défaillants. Tenez-vous en défense, mais dans l'étroit vallon qui serpente entre ces collines. Là, s'ils viennent vous attaquer, nous verrons quel usage ils feront de ces foudres et des animaux qui combattent pour eux. »

Le sage conseil fut exécuté la nuit même ; et quand le jour vint éclairer ces bords, les Espagnols, épouvantés du silence et de la solitude qui régnaient au loin dans la plaine, n'y trouvèrent plus d'ennemis que la faim, le plus cruel de tous.

Pizarre eut à peine découvert la trace des Indiens, qu'il résolut de les poursuivre : les Indiens s'y attendaient. Dans tous les détours du vallon, le vieillard les avait postés par intervalle et en petit nombre.

« Vous êtes assurés, dit-il, d'échapper à vos ennemis ; et les fatiguer, c'est les vaincre. Protégés contre leurs tonnerres par les angles de ces collines, vous les attendrez au détour ; là, je vous demande, non pas de tenir ferme devant eux, mais de lancer de près votre première flèche et de fuir jusqu'au poste qui vous succèdera et qui les attend au détour. Je me tiendrai au dernier défilé, et vous

vous rallierez à moi. » Tel fut l'ordre qu'il établit.

Dès que la tête des Castillans se montre au premier détroit du vallon, il part une volée de flèches ; et l'arc à peine est détendu, les Indiens sont dissipés. On les poursuit, et on en rencontre encore une nouvelle troupe qui se dissipe de nouveau après avoir lancé ses traits.

Pizarre, frémissant de voir que l'ennemi et la victoire lui échappent à chaque instant, part avec la rapidité de l'éclair, et commande à son escadron de le suivre. Le vieillard avait tout prévu. Les Indiens, dès qu'ils entendent la terre retentir sous les pas des chevaux, gagnent les deux bords du vallon ; et l'escadron, après une course inutile, est assailli de traits lancés comme par d'invisibles mains.

Les Castillans s'irritent de voir couler leur sang, moins furieux encore de leurs blessures que de celles de leurs coursiers. Celui de Pizarre, à travers sa crinière épaisse et flottante, a senti le coup pénétrer. Impatient du trait qui lui est resté dans la plaie, il agite ses crins sanglants ; il se dresse, il écume, il bondit de douleur. Pizarre, en arrachant le trait, est renversé sur la poussière. Mais d'un cri menaçant dont les forêts retentissent, il étonne et rend immobile le coursier tremblant à sa voix. En se relevant, il commande à la moitié des siens de mettre pied à terre, de gravir, l'épée à la main, sur la pente des deux collines, et d'en chasser les Indiens. On lui obéit, on les attaque, et soudain ils sont dispersés.

On les poursuivait, et Pizarre recommandait surtout qu'on en prît un vivant, pour savoir de lui en quel lieu on trouverait des subsistances; car ces peuples avaient caché leurs moissons, leur unique bien.

Ceux des jeunes sauvages qui portaient le vieillard, après une assez longue course, hors d'haleine, accablés par ce pesant fardeau, virent bientôt qu'ils allaient être pris. Le vieillard leur dit : « Laissez-moi; sans me sauver vous vous perdriez vous-mêmes. Laissez-moi, je n'ai plus que quelques jours à vivre. Ce n'est pas la peine de priver vos enfants de leurs pères, et vos femmes de leurs époux. Si mon fils demande pourquoi vous m'avez abandonné, répondez-lui que je l'ai voulu.

— Tu as raison, lui dirent-ils. Tu fus toujours le plus sage des hommes. » A ces mots, l'ayant déposé au pied d'un arbre, ils l'embrassèrent en pleurant, et se sauvèrent dans les bois.

Les Espagnols arrivent; le vieillard les regarde sans étonnement ni frayeur. Ils lui demandent où est la retraite des Indiens : il montre les bois. Ils lui demandent où est le toit qu'il habite : il montre le ciel. Ils lui proposent de le porter dans sa demeure, et d'un coup d'œil fier et moqueur il fait signe que c'est la terre.

Pour l'obliger à rompre ce silence obstiné, d'abord ils employèrent les caresses perfides; ils n'en fut point ému. Ils eurent recours aux menaces; il n'en fut point épouvanté. Leur impatience à la fin se change en fureur : ils dressent aux yeux du vieillard tout l'appareil de son supplice ; il y jette un œil de mépris. « Les insensés, disait-il avec un sourire amer et dédaigneux, ils pensent rendre la mort effrayante pour la vieillesse ! Ils prétendent imaginer un plus grand mal que de vieillir ! » Les Castillans, outrés de ces insultes, l'attachèrent à un poteau et allumèrent alentour un feu lent pour le consumer.

Le vieillard, dès qu'il sent les atteintes du feu, s'arme d'un courage invincible : son visage, où se peint la fierté d'une âme libre, devient auguste et radieux ; et il commence son chant de mort.

« Quand je vins au monde, dit-il, la douleur se saisit de moi, et je pleurais, car j'étais enfant. J'avais beau voir que tout souffrait, que tout mourait autour de moi, j'aurais voulu, moi seul, ne pas souffrir ; j'aurais voulu ne pas mourir ; et, comme un enfant que j'étais, je me livrais à l'impatience. Je devins homme, et la douleur me dit : Luttons ensemble. Si tu es le plus fort, je céderai ; mais, si tu te laisses abattre, je te déchirerai, je planerai sur toi, et je battrai des ailes comme le vautour sur sa proie. S'il est ainsi, dis-je à mon tour, il faut lutter ensemble ; et nous nous prîmes corps à corps. Il y a soixante ans que ce combat dure, et je suis debout, et je n'ai pas versé une larme. J'ai vu mes amis tomber sous vos coups, et dans mon cœur j'ai étouffé la plainte. J'ai vu mon fils écrasé à mes yeux, et mes yeux paternels ne se sont point mouillés. Que me veut encore la douleur ? Ne sait-elle pas qui je suis ? La voilà qui, pour m'ébranler, rassemble enfin toutes ses forces; et moi, je l'insulte, et je ris de lui voir hâter mon trépas, qui me délivre à jamais d'elle. Viendra-t-elle encore agiter ma cendre? La cendre des morts est insensible à la douleur. Et vous, lâches, vous qu'elle emploie à m'éprouver, vous vivrez; vous serez sa proie à votre tour. Vous venez pour nous dépouiller; vous vous arracherez nos misérables dépouilles. Vos mains, trempées dans le sang des Indiens, se laveront dans votre sang; et vos ossements et les nôtres, confusément épars dans nos champs désolés, feront la paix, reposeront ensemble, et mêleront leur poussière comme des ossements amis. En attendant, brûlez, déchirez, tourmentez ce corps que je vous abandonne; dévorez ce que la vieillesse n'en a pas consumé. Voyez-vous ces animaux féroces qui planent sur nos têtes? Vous leur dérobez un repas, mais vous leur engraissez une autre proie. Ils vous laissent encore aujourd'hui vous repaître, mais demain ce sera leur tour.»

Ainsi chantait le vieillard; et plus la douleur l'accablait, plus il redoublait ses insultes. Un Espagnol (c'était Moralès) ne put soutenir plus longtemps les invectives du sauvage. Il saisit l'arc qu'on lui avait laissé, le tendit, et perça le vieillard d'une flèche. L'Indien, qui se sentit mortellement blessé, regarda Moralès d'un œil fier et tranquille : «Ah! jeune homme, tu perds par ton impatience une belle occasion d'apprendre à souffrir!» Il expira; et les Espagnols consternés passèrent la nuit dans

5

les bois, sans pouvoir retrouver leur route. Ce ne fut qu'au lever du jour, et au bruit du signal que fit donner Pizarre, qu'ils se rallièrent à lui. Mais on s'aperçut que la vengeance du Ciel avait choisi sa victime, Moralès, perdu dans les bois, ne reparut jamais.

Pizarre, au milieu de ses compagnons découragés, marquait encore de la constance et cachait sous un front serein les noirs chagrins qui lui rongeaient le cœur. Mais se voyant réduits au choix de périr par la faim ou par les flèches des sauvages, ils remontent sur leur navire, et, à force de voiles, ils cherchent des bords plus heureux.

Ils découvrent une campagne riante et cultivée, où tout annonce l'industrie et la paix : c'est la côte de Catamès, pays fertile et abondant dont le peuple est en petit nombre. Les Espagnols y descendent, et ce peuple exerce envers eux les devoirs naturels de l'hospitalité. Mais lui-même, exposé sans cesse aux ravages de ses voisins, il avoue à ses hôtes que chez lui leur asile serait mal assuré. « Étrangers, leur dit le cacique, la nature qui nous a faits doux et paisibles nous a donné des voisins féroces. Dites-nous si partout de même les bons sont en proie aux méchants.

— Chez nous, lui dit Pizarre, le Ciel a réuni la douceur avec l'audace, la force avec la bonté.

— Retournez donc chez vous, lui dit tristement le cacique, car les bons parmi nous sont faibles et timides, et les méchants forts et hardis. » Pizarre l'en crut aisément, et il se retira dans une île voisine, où peu de temps après Almagre vint lui porter quelques secours.

Mais tout avait changé sur l'isthme. Davila n'avait pu survivre à la honte et à la douleur d'être abandonné par son fils : il était mort dans les angoisses du remords et du désespoir. Pèdre de Los-Rios, son successeur, s'était laissé persuader que les compagnons de Pizarre ne demandaient que leur retour, et que, lui-même, il ne s'obstinait dans sa malheureuse entreprise que par un orgueil insensé. Il fit donc partir deux vaisseaux sous la conduite d'un Castillan nommé Tafur, pour ramener les mécontents.

A la vue de ces vaisseaux qui s'avançaient à pleines voiles, Pizarre tressaillit de joie ; mais cette joie fit bientôt place à la plus profonde douleur.

« Je ne sais, dit-il à Tafur, qui lui déclarait l'ordre dont il était chargé, quel est le fourbe qui, pour me nuire, a fait parler mes compagnons ; mais, quel qu'il soit, il en impose. Ces nobles Castillans s'attendaient comme moi à des périls, à des travaux dignes d'éprouver leur constance. Si l'entreprise n'eût demandé que des cœurs lâches et timides, on l'aurait achevée avant et sans nous. C'est parce qu'elle est pénible qu'elle nous est réservée : les dangers en feront la gloire quand nous les aurons surmontés. On a donc fait injure à mes amis lorsqu'on a dit au vice-roi de l'isthme qu'ils voulaient se déshonorer. Pour moi, je n'en retiens aucun.

De braves gens, tels que je les crois tous, ne demanderont qu'à me suivre ; et les hommes sans cœur, s'il y en a parmi nous, ne méritent pas mes regrets. Faites tracer une ligne au milieu de mon vaisseau. Vous serez à la proue, je serai à la poupe avec tous mes compagnons. Ceux qui voudront se séparer de moi n'auront qu'un pas à faire de la gloire à la honte. »

Tafur accepta ce défi ; et quels furent l'étonnement et la douleur de Pizarre, lorsqu'il vit presque tous les siens passer du côté de Tafur ! Indigné, mais ferme et tranquille, il les regarde d'un œil fixe. L'un d'eux le regarde à son tour ; et voyant sur son front une noble tristesse, une froide intrépidité, il dit à ceux de qui l'exemple l'avait entraîné : « Castillans, voyez qui nous abandonnons ! je ne puis m'y résoudre, et j'aime mieux mourir avec cet homme-là que de vivre avec des perfides. Adieu. » A ces mots, il repasse du côté de Pizarre, et jure en l'embrassant de ne plus le quitter. Ce guerrier était Aléon. Quelques-uns l'imitèrent : ce fut le petit nombre ; mais leur malheureux chef n'en fut que plus sensible à ce dévouement généreux. Il ne lui était échappé ni plainte, ni reproche ; mais lorsqu'il vit que douze Castillans voulaient bien lui rester fidèles, résolus à mourir pour lui plutôt que de l'abandonner, son cœur soulagé s'attendrit ; il les embrasse, et la reconnaissance lui fait verser des larmes que la douleur n'a pu lui arracher. « Tu vois, dit-il à Tafur, que mon navire brisé s'entr'ouvre et va périr, laisse-moi l'un des tiens. » Tafur lui refusa durement sa prière. « Je puis vous ramener, dit-il, mais je ne puis rien de plus.

— Ainsi, lui dit Pizarre, on met des braves gens dans la nécessité du choix, entre leur déshonneur et leur perte inévitable ! Va, notre choix n'est pas douteux. Laisse-nous seulement des munitions et des armes. Celui qui t'envoie aura la honte de nous avoir abandonnés. »

Au moment fatal où Tafur mit à la voile et quitta le rivage, Pizarre fut près de tomber dans le plus affreux désespoir. Il se vit presque seul, sur des mers inconnues et dans un nouvel univers, abandonné de sa patrie, faible jouet des éléments, en butte à des dangers horribles, en proie à des peuples sauvages dont il fallait attendre ou la vie ou la mort. Son âme eut besoin de toutes ses forces pour soutenir la pesanteur du coup dont il était frappé. Ses compagnons qui l'environnaient gardaient un morne silence ; et le héros, pour relever leur courage abattu, rappela tout le sien.

Il commence d'abord par les éloigner du rivage, d'où ils suivaient des yeux les voiles de Tafur, et s'enfonçant avec eux dans l'île : « Mes amis, félicitons-nous, leur dit-il, d'être délivrés de cette foule d'hommes timides qui nous auraient mal secondés ; la fortune me laisse ceux que j'aurais choisis. Nous sommes peu, mais tous déterminés, mais tous unis par l'amitié, la confiance et le malheur. Ne doutez pas qu'il ne nous vienne des compagnons jaloux de notre renommée, car dès ce moment elle vole aux bords d'où nous sommes partis : les déserteurs vont l'y répandre. Oui, mes amis, quoi qu'il arrive, treize hommes qui, seuls, délaissés sur des bords inconnus, chez des peuples féroces, persistent dans la résolution et l'espérance de les dompter, sont déjà bien sûrs de leur gloire. Qui nous a rassemblés ? la noble ambition de rendre nos noms immortels. Ils le sont : l'événement même est désormais indifférent. Heureux ou malheureux, il sera vrai du moins que nous aurons donné au monde un exemple encore inouï d'audace et d'intrépidité. Plaignons notre patrie d'avoir produit des lâches ; mais félicitons-nous de l'éclat que leur honte va donner à notre valeur. Après tout, que hasardons-nous ? la vie. Et cent fois, à vil prix, nous en avons été prodigues. Mais avant de la perdre il est pour nous encore des moyens de la signaler. Commençons par nous procurer un asile moins exposé aux surprises des Indiens. Ici, nous manquerions de tout. L'île de la Gorgone est déserte et fertile ; la vue en est terrible et l'abord dangereux ; l'Indien n'ose y pénétrer : hâtons-nous d'y passer ; c'est là le digne asile de treize hommes abandonnés et séparés de l'univers. »

L'île de la Gorgone est digne de son nom, elle est l'effroi de la nature. Un ciel chargé d'épais nuages, où mugissent les vents, où les tonnerres grondent, où tombent presque sans relâche des pluies orageuses, des grêles meurtrières, parmi les foudres et les éclairs ; des montagnes couvertes de forêts ténébreuses, dont les débris cachent la terre, et dont les branches entrelacées ne forment qu'un épais tissu impénétrable à la clarté ; des vallons fangeux, où sans cesse roulent d'impétueux torrents; des bords hérissés de rochers, où se brisent en gémissant les flots émus par les tempêtes; le bruit des vents dans les forêts, semblable aux hurlements des loups et au glapissement des tigres ; d'énormes couleuvres qui rampent sous l'herbe humide des marais, et qui, de leurs vastes replis, embrassent la tige des arbres ; une multitude d'insectes qu'engendre un air croupissant, et dont l'avidité ne cherche qu'une proie : telle est l'île de la Gorgone, et tel fut l'asile où Pizarre vint se réfugier avec ses compagnons.

Ils furent tous épouvantés à l'aspect de ce noir séjour, et Pizarre en frémit lui-même ; mais ils n'avaient point à choisir. Son vaisseau n'eût pas résisté à une course plus longue. En abordant il déguisa donc sous l'apparence de la joie l'horreur dont il était saisi.

Son premier soin fut de chercher une colline où la terre ne fût jamais inondée, et qui, voisine de la mer, permît de donner le signal aux vaisseaux. Malgré l'humidité des bois dont la colline était couverte, il s'y fit jour avec la flamme. Un vent rapide alluma l'incendie, et le sommet fut dépouillé. Pizarre s'y établit, y éleva des cabanes environnées d'une enceinte.

Les Castillans eurent bientôt construit un canot dans lequel, quand la mer était calme, ils se donnaient, non loin du bord, l'utile amusement d'une pêche abondante. La chasse ne l'était pas moins ; car, avant que les animaux d'un naturel doux et timide aient appris à connaître l'homme, ils semblent le voir en ami. Dans cette confiance, ils tombent dans ses piéges et vont au-devant de ses coups. Ce n'est qu'après avoir éprouvé mille fois sa malice et sa perfidie, qu'épouvantés de son approche ils s'instruisent l'un l'autre à fuir devant leur ennemi commun.

Trois mois s'écoulèrent sans que Pizarre et ses compagnons vissent paraître aucun vaisseau. Leurs yeux, tournés du côté du nord, se fatiguaient à parcourir la solitude immense d'une mer sans rivages. Tous les jours, l'espérance renaissait et mourait dans leurs cœurs plus découragés. Pizarre seul les relevait, les animait à la constance.

Ses amis, moins déterminés, se lassaient de souffrir. L'air humide qu'ils respiraient et dont ils étaient pénétrés, déposait dans leur sein le germe d'une langueur contagieuse ; et leur courage, avec leur force, diminuait tous les jours. « Nous ne te demandons, disaient-ils à Pizarre, qu'un climat plus doux et plus sain. Fais-nous respirer ; sauve-nous de cette maligne influence ; allons chercher des hommes qu'on puisse fléchir ou combattre ; oppose-nous des ennemis sur qui du moins, en expirant, nous puissions venger notre mort. »

Pizarre cède à leurs instances, et des débris de leur navire il leur fait construire une barque pour regagner le continent. Mais lorsqu'on y travaille avec le plus d'ardeur, l'un d'eux croit, du haut du rivage, apercevoir dans le lointain les voiles d'un vaisseau. Il pousse un cri de surprise et de joie, et tous les yeux se tournent vers le nord. Ce n'est d'abord qu'une faible apparence : on craint de se tromper ; on doute si ce qu'on a pris pour la voile n'est pas un nuage léger ; on observe longtemps encore, et peu à peu l'espérance, en croissant, affaiblit la crainte, comme la lumière naissante pénètre l'ombre et la dissipe au crépuscule du matin. Toute incertitude enfin cesse : on distingue la voile, on reconnaît ce pavillon ; et ce rivage, qui n'avait jusque alors répété que des plaintes et des gémissements, retentit de cris d'allégresse. Mais le vaisseau, en abordant, étouffe bientôt ces transports. Les matelots qui le conduisent sont l'unique secours qu'on envoie à Pizarre ; et ce qui l'afflige encore plus, lui-même on le rappelle, on l'oblige à partir. Il est outré de douleur. « Eh quoi ! dit-il, on nous envie jusqu'au triste honneur de mourir sur ces bords ! » Et puis, rappelant son courage : « Nous y reviendrons, reprit-il ; et je ne veux m'en éloigner qu'après avoir marqué moi-même le rivage où nous descendrons. » Avant de quitter la Gorgone, il voulut y laisser un monument de sa gloire. Il écrivit sur un rocher au bas duquel les flots se brisent : *Ici treize hommes* (et ils étaient nommés), *aban-*

donnés de la nature entière, ont éprouvé qu'il n'est point de maux que le courage ne surmonte. Que celui qui veut tout oser apprenne donc à souffrir.

Alors montant sur le navire qu'on leur amenait, ils s'avancent jusqu'au rivage de Tumbès.

CHAPITRE VI.

Pizarre va reconnaître le port et la côte de Tumbès. — Molina se sépare de lui et reste parmi les Indiens. — Il se rend à Quito, auprès d'Ataliba.

Là, tout ce qui s'offre à leurs yeux annonce un peuple industrieux et riche. Pizarre fait dire à ce peuple qu'il recherche son amitié, et bientôt il le voit s'assembler en foule sur le port. Il voit son navire entouré de radeaux chargés de présents : ce sont des grains, des fruits et des breuvages dont les vases d'or sont remplis. Sensible à la bonté, à la magnificence de ce peuple doux et paisible, Pizarre s'applaudit d'avoir enfin trouvé des hommes; mais ses compagnons s'applaudissent d'avoir trouvé de l'or.

Les Indiens, sans défiance comme sans artifice, sollicitaient les Castillans à descendre sur le rivage. Pizarre le permit, mais seulement à deux des siens, à Candie et à Molina. A peine sont-ils descendus, qu'une foule empressée et caressante les environne.

Le cacique lui-même les conduit dans sa ville, les introduit dans son palais et leur fait parcourir les demeures tranquilles de ces Indiens fortunés. Ces hommes simples les reçoivent comme des amis tendres reçoivent des amis, et, avec l'ingénuité, la sécurité de l'enfance, ils leur étalent ces richesses qu'ils auraient dû ensevelir.

« Quoi de plus touchant, disait Molina, que l'innocence de ce peuple !

— Il est vrai qu'il est simple et facile à civiliser, » disait Candie.

Et cependant, le crayon à la main, au milieu des sauvages, il levait le plan de la ville et des murs qui l'environnaient Les Indiens, enchantés de l'art ingénieux avec lequel sa main traçait comme l'ombre de leurs murailles, ne se lassaient pas d'admirer ce prodige nouveau pour eux : ils étaient loin de soupçonner que ce fût une perfidie.

« Que faites-vous ? lui demande Alonzo.

— J'examine, répond Candie, par où l'on peut les attaquer.

— Les attaquer ! Quoi ! dans le moment même qu'ils vous comblent de biens, qu'ils se livrent à vous sans crainte et sur la foi de l'hospitalité, vous méditez le noir projet de les surprendre dans leurs murs ! Êtes-vous assez lâche !...

— Et vous, reprit Candie, êtes-vous assez insensé pour croire qu'on passe les mers et qu'on vienne d'un monde à l'autre pour s'attendrir comme des enfants sur l'imbécillité d'un peuple de sauvages ?

On ferait de belles conquêtes avec vos timides vertus!

— Peut-être, dit Alonzo. Mais est-ce bien Pizarre qui fait lever le plan de ces murs ?

— C'est lui-même.

— J'en doute encore.

— Vous m'insultez.

— Je l'estime trop pour vous croire. »

Et à ces mots l'impétueux jeune homme arrache des mains de Candie le dessin qu'il avait tracé.

Tout à coup, se lançant l'un à l'autre un regard de colère, ils écartent la foule, et l'épée étincelle comme un éclair dans leurs mains. Les sauvages, persuadés que ce combat n'était qu'un jeu, applaudissaient d'abord, avec les regards de la joie et les signes naïfs de l'admiration, à l'adresse dont l'un et l'autre paraient les coups les plus rapides ; mais lorsqu'ils virent le sang couler, ils jetèrent des cris perçants de douleur et d'effroi; et leur roi, se précipitant lui-même entre les deux épées, s'écrie : « Arrête! arrête! c'est mon hôte, c'est mon ami, c'est le sang de ton frère que tu fais couler ! » On s'empresse, on les retient, on les désarme, on les mène sur le vaisseau.

Pizarre, instruit de leur querelle, les reprit tous les deux; mais, quelque égalité qu'il affectât dans ses reproches, Alonzo crut s'apercevoir que Candie était approuvé. Un noir chagrin s'empara de son âme; il se rappela les conseils du vertueux Barthélemy; il se rappela le supplice du vieillard indien qu'on avait fait brûler, la guerre injuste et meurtrière qu'on avait livrée à ces peuples, l'avidité impatiente de ces compagnons à la vue de l'or. Enfin l'exemple du passé ne lui fit voir dans l'avenir que le meurtre et que le ravage ; et dès lors il se repentit de s'être engagé si avant.

Comme il était chéri des Indiens, c'était lui que Pizarre chargeait le plus souvent d'aller pourvoir aux besoins du navire. Un jour qu'il était descendu, il fut accueilli par ce peuple avec une amitié si naïve et si tendre, qu'il ne put retenir ses pleurs. « Dans quelques mois peut-être, disait-il en lui-même, les fertiles bords de ce fleuve, ces champs couverts de moissons, ces vallons peuplés de troupeaux, seront tous ravagés ; les mains qui les cultivent seront chargées de chaînes ; et de ces Indiens si doux et si paisibles, des milliers seront égorgés, et le reste, réduit au plus dur esclavage, périra misérablement dans les travaux des mines d'or... Peuple innocent et malheureux ! non, je ne puis t'abandonner ; je me sens attaché à toi comme par un charme invincible. Je ne trahis point ma patrie en me déclarant l'ennemi des brigands qui la déshonorent, et en cherchant moi-même à lui gagner des cœurs. »

Telle fut sa résolution ; et il écrivit à Pizarre :

« J'aime les Indiens ; je reste parmi eux, parce qu'ils sont bons et justes. Adieu. Vous trouverez en moi un médiateur, un ami, si vous respectez avec eux les droits de la nature ; un ennemi, si, par la force, le brigandage et la rapine, vous violez ces droits sacrés. »

Pizarre, affligé de la perte d'Alonzo, le fit presser de revenir. On le trouva au milieu des sauvages, éclairant leur raison et jouissant de leurs caresses.

« Racontez à Pizarre ce que vous avez vu, dit-il à ceux qui venaient le chercher; et que mon exemple lui apprenne que le plus sûr moyen de captiver ces peuples, c'est d'être juste et bienfaisant. »

L'un des regrets de Pizarre en quittant ces bords fut d'y laisser ce vaillant jeune homme. Mais celui-ci n'avait jamais été plus heureux que dans ce moment. Se voyant au milieu d'un peuple naturellement simple et doux, il jouissait du calme des passions, il respirait l'air pur de l'innocence; il prenait plaisir à l'entendre célébrer les vertus des incas, enfants du Soleil, et mettre au rang de leurs bienfaits l'heureuse révolution qui s'était faite dans ses mœurs, lorsque, par la raison plus que par la force des armes, les incas l'avaient obligé de suivre leur culte et leurs lois. Alonzo, à son tour, leur donnait une idée de nos mœurs et de nos usages, des progrès de nos connaissances et des prodiges de nos arts. Ce merveilleux les étonnait.

Le cacique lui demanda ce qui l'avait engagé à se séparer de ses amis et à demeurer sur ces bords.

« Ceux avec qui je suis venu, lui répondit Alonzo, m'ont dit : « Allons faire du bien aux habitants du « Nouveau-Monde; » aussitôt je les ai suivis. J'ai vu qu'ils ne pensaient qu'à vous faire du mal; et je les ai abandonnés. »

Il lui raconta le sujet de sa querelle avec Candie. L'Indien en fut pénétré de reconnaissance pour lui. Il le regardait avec une admiration douce et tendre; et il disait tout bas: « Il en est digne, il en est plus digne que moi. » L'heure du sommeil approchait; le cacique prit congé d'Alonzo ; mais en s'en allant, il retournait vers lui les yeux, et levait les mains vers le ciel.

Le lendemain, il vient le trouver dès l'aurore.

« Éveille-toi, roi de Tumbès, lui dit-il en lui présentant son diadème et ses armes, éveille toi: reçois de ma main la couronne. J'y ai bien pensé, je te la dois. J'ai ton courage et ta bonté, mais je n'ai pas tes lumières. Prends ma place, règne sur nous; je serai ton premier sujet. L'inca l'approuvera lui-même. » Alonzo, confondu de voir dans un sauvage cet exemple inouï de modestie et de magnanimité, sentit, ce que l'orgueil ignore, que la véritable grandeur et la simplicité se touchent, et qu'il est rare qu'un cœur droit ne soit pas un cœur élevé. Il rendit grâces au cacique, et lui dit : « Tu es juste et bon : tu dois être aimé de ton peuple. Laissons-lui son roi. D'autres soins doivent occuper ton ami. »

Alonzo avait appris du cacique qu'au delà des montagnes deux incas, deux fils du Soleil, se partageaient un vaste empire ; et dès lors il avait formé la résolution de se rendre à leur cour. « L'inca roi de Cusco, lui disait le cacique, est superbe, inflexible ; il se fait redouter. Celui de Quito, bien plus doux, se fait adorer de ses peuples. Je suis du nombre des caciques que son père a mis sous ses lois. » Alonzo, pour se rendre à la cour de Quito, demanda deux fidèles guides. Le cacique aurait bien voulu le retenir encore. « Quoi ! sitôt tu veux nous quitter ! lui disait-il. Et dans quel lieu seras-tu plus aimé, plus révéré que parmi nous ?

— Je vais pourvoir à ton salut, lui répondit Alonzo, et engager l'inca à prendre avec moi ta défense; car vos ennemis vont dans peu revenir sur ces bords. Mais ne t'alarme point : je viendrai moi-même, à la tête des Indiens, te secourir. » Ce zèle attendrit le cacique, et les larmes de l'amitié accompagnèrent ses adieux. Lui-même, il choisit les deux guides que son ami lui demandait ; et avec eux Alonzo, traversant les vallées, suivit la rive du Dolé, qui prend sa source vers le nord.

Après une marche pénible, ils s'approchaient de l'équateur, et allaient passer un torrent qui se jette dans l'Émeraude, lorsque Alonzo vit ses deux guides, interdits et troublés, se parler l'un à l'autre avec des mouvements d'effroi. Il leur en demanda la cause. « Regarde, lui dit l'un d'eux, au sommet de la montagne. Vois-tu ce point noir dans le ciel ? Il va grossir et former un affreux orage. » En effet, peu d'instants après, ce point nébuleux s'étendit, et le sommet de la montagne fut couvert d'un nuage sombre.

Les sauvages se hâtent de passer le torrent. L'un d'eux le traverse à la nage, et attache au bord opposé un long tissu de liane, grâce auquel Alonzo, suspendu dans une corbeille d'osier, passe rapidement; l'autre Indien le suit, et dans le même instant, un murmure profond donne le signal de la guerre que les vents vont se déclarer. Tout à coup leur fureur s'annonce par d'effroyables sifflements. Une épaisse nuit enveloppe le ciel et le confond avec la terre; la foudre, en déchirant ce voile ténébreux, en redouble encore la noirceur; cent tonnerres qui roulent et semblent rebondir sur une chaine de montagnes, en se succédant l'un à l'autre, ne forment qu'un mugissement qui s'abaisse et qui se renfle comme celui des vagues. Aux secousses que la montagne reçoit du tonnerre et des vents, elle s'ébranle, elle s'entr'ouvre; et de ses flancs, avec un bruit horrible, tombent de rapides torrents. Les animaux épouvantés s'élançaient des bois dans la plaine; et, à la clarté de la foudre, les trois voyageurs pâlissants voyaient passer à côté d'eux le lion, le tigre, le lynx, le léopard, aussi tremblants qu'eux-mêmes. Dans ce péril universel de la nature, il n'y a plus de férocité, et la crainte a tout adouci.

L'un des guides d'Alonzo avait, dans sa frayeur, gagné la cime d'une roche. Un torrent qui se précipite en bondissant la déracine et l'entraine, et le sauvage qui l'embrasse roule avec elle dans les flots. L'autre Indien croyait avoir trouvé son salut dans le creux d'un arbre; mais une colonne de feu, dont le sommet touche à la nue, descend sur l'arbre et le consume avec le malheureux qui s'y était réfugié.

Cependant Molina s'épuisait à lutter contre la violence des eaux : il gravissait dans les ténèbres, saisissant tour à tour les branches, les racines des bois qu'il rencontrait, sans songer à ses guides, sans autre sentiment que le soin de sa propre vie ; car il est des moments d'effroi où toute compassion cesse, où l'homme, absorbé en lui-même, n'est plus sensible que pour lui.

Enfin il arrive en rampant au bas d'une roche escarpée, et, à la lueur des éclairs, il voit une caverne dont la profonde et ténébreuse horreur l'aurait glacé dans tout autre moment. Meurtri, épuisé de fatigue, il se jette au fond de cet antre, et là, rendant grâces au Ciel, il tombe dans l'accablement.

L'orage enfin s'apaise ; les tonnerres, les vents cessent d'ébranler la montagne ; les eaux des torrents, moins rapides, ne mugissent plus alentour, et Molina sent couler dans ses veines le baume du sommeil. Mais un bruit plus terrible que celui des tempêtes le frappe au moment même qu'il allait s'endormir.

Ce bruit, pareil au broiement des cailloux, est celui d'une multitude de serpents dont la caverne est le refuge. La voûte en est revêtue ; et, entrelacés l'un à l'autre, ils forment, dans leurs mouvements, ce bruit qu'Alonzo reconnaît. Il sait que le venin de ces serpents est le plus subtil des poisons ; qu'il allume soudain, et dans toutes les veines, un feu qui dévore et consume, au milieu des douleurs les plus intolérables, le malheureux qui en est atteint. Il les entend, il croit les voir rampant autour de lui ou pendus sur sa tête, ou roulés sur eux-mêmes et prêts à s'élancer sur lui. Son courage épuisé succombe ; son sang se glace de frayeur ; à peine il ose respirer. S'il veut se traîner hors de l'antre, sous ses mains, sous ses pas, il tremble de presser un de ces dangereux reptiles. Transi, frissonnant, immobile, environné de mille morts, il passe la plus longue nuit dans une pénible agonie, désirant, frémissant de revoir la lumière, se reprochant la crainte qui le tient enchaîné, et faisant sur lui-même d'inutiles efforts pour surmonter cette faiblesse.

Le jour qui vint l'éclairer justifia sa frayeur. Il vit réellement tout le danger qu'il avait pressenti ; il le vit plus horrible encore. Il fallait mourir ou s'échapper. Il ramasse péniblement le peu de forces qui lui restent; il se soulève avec lenteur, se courbe, et, les mains appuyées sur ses genoux tremblants, il sort de la caverne aussi défait, aussi pâle qu'un spectre qui sortirait de son tombeau. Le même orage qui l'avait jeté dans le péril l'en préserva; car les serpents en avaient eu autant de frayeur que lui-même ; et c'est l'instinct de tous les animaux, dès que le péril les occupe, de cesser d'être malfaisants.

Un jour serein consolait la nature des ravages de la nuit. La terre, échappée comme d'un naufrage, en offrait partout les débris. Des forêts qui, la veille, s'élançaient jusqu'aux nues, étaient courbées vers la terre ; d'autres semblaient se hérisser encore d'horreur. Des collines qu'Alonzo avait vues s'arrondir sous leur verdoyante parure, entr'ouvertes en précipices, lui montraient leurs flancs déchirés. De vieux arbres déracinés, précipités du haut des monts, le pin, le palmier, le gaïac, le caobo, le cèdre, étendus, épars dans la plaine, la couvraient de leurs troncs brisés et de leurs branches fracassées. Des dents de rocher détachées marquaient la trace des torrents; leur lit profond était bordé d'un nombre effrayant d'animaux, doux, cruels, timides, féroces, qui avaient été submergés et revomis par les eaux.

Cependant les eaux écoulées laissaient les bois et les campagnes se ranimer aux feux du jour naissant. Le ciel semblait avoir fait la paix avec la terre et lui sourire en signe de faveur et d'amour. Tout ce qui respirait encore recommençait à jouir de la vie : les oiseaux, les bêtes sauvages, avaient oublié leur effroi; car le prompt oubli des maux est un don que la nature leur a fait, et qu'elle a refusé à l'homme.

Le cœur d'Alonzo, quoique flétri par la crainte et par la douleur, sentit un mouvement de joie. Mais en cessant de craindre pour lui-même, il trembla pour ses compagnons. Sa voix, à grands cris, les appelle, ses yeux les cherchent vainement; il ne les revoit plus, et les échos seuls lui répondent. « Hélas ! s'écria-t-il, mes guides, mes amis, c'en est donc fait! ils ont péri sans doute. Et moi, que vais-je devenir? » Le jeune homme, à ces mots, se croyant poursuivi par un malheur inévitable, retomba dans l'abattement. Pour comble de calamité, il ne trouva plus le peu de vivres qu'ils avaient pris, et dont il sentait le besoin par l'épuisement de ses forces. La nature y pourvut : les mangles, les bananes, l'oca furent ses aliments.

Aussi loin que sa vue pouvait s'étendre, il cherchait les lieux habités; il n'en voyait aucun indice, son courage était épuisé. Enfin il découvre un sentier pratiqué entre deux montagnes. Heureux de voir des traces d'hommes, l'espérance et la joie se raniment en lui; l'obscurité de cette route, où des rochers suspendus sur sa tête laissent à peine un étroit passage à la lumière, ne lui inspire aucune horreur. L'instinct, qui semblait l'attirer vers un lieu où il espérait de trouver ses semblables, précipitait ses pas, et le rendait insensible à la fatigue et au danger. Il sort enfin de ce sentier profond, et il découvre une campagne semée çà et là de cabanes et de troupeaux. Il respire, et tendant les mains au ciel il lui rend grâces.

A peine a-t-il paru, que des sauvages l'environnent avec des cris et des transports qu'il prend pour des signes de joie. Il s'approche et leur tend les bras. Il ne voit pas sur leurs visages la simple et naïve douceur des peuples de Tumbès; leur sourire même est cruel; leur regard lui paraît moins curieux qu'avide; et leur accueil, tout caressant qu'il est, a je ne sais quoi d'effrayant. Cependant Alonzo s'y livre. « Indiens, leur dit-il, je suis un étranger, mais un étranger qui vous aime. Ayez pitié de l'abandon où je me vois réduit. » Comme il disait ces mots, il se voit chargé de liens; les cris d'allégresse redoublent, et il est conduit au hameau. Les femmes sortent des cabanes, tenant par la main leurs enfants. Elles entourent le poteau où Molina est attaché, et on le laisse au milieu d'elles.

Il vit bien qu'il était tombé chez un peuple d'anthropophages. En lui liant les mains, on l'avait dépouillé, triste présage de son sort! Il entendait les sauvages, répandus dans le hameau, s'inviter l'un l'autre à la fête; et les chansons des femmes, qui se réjouissaient et dansaient autour de lui, ne lui déguisaient pas ce qui allait se passer. « Enfants, disaient-elles, chantez : vos pères sont tombés sur une bonne proie. Chantez, vous serez du festin. »

Tandis qu'elles s'applaudissaient, le malheureux Alonzo, pâle, tremblant, les regardait de l'œil dont le cerf aux abois regarde la meute affamée. La nature fit un effort sur elle-même; il rassembla le peu de force que lui laissait la peur dont il était saisi, et s'adressant à ces femmes sauvages : « Lorsque vos enfants, leur dit-il, sont suspendus à vos mamelles, et que leur père les caresse et vous sourit avec amour, combien ne serait pas cruel celui qui viendrait dans vos bras déchirer le fils et le père comme vous m'allez déchirer! La nature vous a donné des ennemis dans les bêtes sauvages, vous pouvez leur livrer la guerre et vous abreuver de leur sang. Mais moi, je suis un homme innocent et paisible qui ne vous ai fait aucun mal. Une femme semblable à vous m'a porté dans ses flancs et nourri de son lait. Si elle était ici, vous la verriez, tremblante, vous conjurer, par vos entrailles, d'épargner son malheureux fils. Résisteriez-vous à ses pleurs et laisseriez-vous égorger un fils dans les bras de sa mère? La vie est pour moi peu de chose; mais ce qui me touche bien plus, c'est le péril qui vous menace, et le soin de votre défense contre une puissance terrible qui va venir vous attaquer. Je le savais; j'allais pour vous implorer à Quito le secours des Incas. Pour vous je me suis exposé, dans ce pénible et long voyage, au danger d'être pris, d'être déchiré par vos mains. Femmes indiennes, croyez que je suis votre ami, celui de vos enfants, celui même de vos époux. Voulez-vous dévorer la chair de votre ami, boire le sang de votre frère ! »

Ces femmes, étonnées, le contemplaient en l'écoutant, et par degré leur cœur farouche était ému et s'amollissait à sa voix. La nature a pour tous les yeux deux charmes tout-puissants, lorsqu'ils se trouvent réunis : c'est la jeunesse et la beauté. Ces femmes y furent sensibles. La surprise fit place à l'attendrissement, l'attendrissement à l'ivresse. Ces enfants qu'elles amenaient pour les abreuver de son sang, elles les prennent dans leurs bras, les élèvent à sa hauteur et pleurent en voyant qu'il leur sourit avec tendresse, et qu'il leur donne des baisers.

Dans ce moment, les Indiens se rassemblent en plus grand nombre. Armés de ces pierres tranchantes qu'ils savent aiguiser, ils se jetaient sur la victime, impatients de lui ouvrir les veines et d'en voir ruisseler le sang. Plus tremblantes qu'Alonzo même, les femmes l'environnent avec des cris perçants ; et tendant les mains aux sauvages : « Arrêtez, épargnez ce malheureux jeune homme! C'est votre ami, c'est votre frère. Il vous aime, il veut vous défendre d'un ennemi cruel qui vient vous attaquer. Il allait implorer pour vous le secours du roi des montagnes. Laissez-le vivre, il ne vit que pour nous. » Ces cris, cet étrange langage étonnèrent les Indiens. Mais leur instinct féroce les pressait. Ils dévoraient des yeux Alonzo, et tâchaient de se dégager des bras de leurs compagnes pour se jeter sur lui. « Non, tigres, non, s'écrièrent-elles, vous ne boirez pas son sang, ou vous boirez aussi le nôtre. » Ces hommes farouches s'arrêtent, ils se regardent entre eux, immobiles d'étonnement. « Dans quel délire, disaient-ils, ce captif a plongé nos femmes! Êtes-vous insensées, et ne voyez-vous pas que pour s'échapper il vous flatte? Éloignez-vous et nous laissez dévorer en paix notre proie.

— Si vous y touchez, dirent-elles, nous jurons toutes, par le cœur du lion dont vous êtes nés, de massacrer vos enfants, de les déchirer à vos yeux, et de les dévorer nous-mêmes. » A ces mots, les plus furieuses saisissant leurs enfants par les cheveux, et d'une main les tenant suspendus aux yeux de leurs maris, grinçaient des dents et rugissaient. Ils en furent épouvantés. « Qu'il vive, dirent-ils, puisque vous le voulez; » et ils dégagèrent Alonzo.

« Nous voyons bien, dirent-ils, que tu possèdes l'art des enchantements; mais du moins apprends-nous quel ennemi nous menace.

— Un peuple cruel et terrible, leur répondit Alonzo.

— Et tu allais, disent nos femmes, demander au roi des montagnes de venir à notre secours?

— Oui, c'est dans ce dessein que je suis parti de Tumbès; mais j'ai perdu mes guides.

— Nous t'en donnerons un qui te mènera jusqu'au fleuve, au bord duquel est un chemin qui remonte jusqu'à sa source. Mais assiste à notre festin. »

A ce festin, où des béliers sanglants étaient déchirés, dévorés, comme lui-même devait l'être, Alonzo frissonnait d'horreur. Il eut cependant le courage de demander au cacique s'il ne sentait pas la nature se soulever lorsqu'il mangeait la chair ou qu'il buvait le sang des hommes. « Par le lion! dit le sauvage, un inconnu, pour moi, n'est qu'un animal dangereux. Pour m'en délivrer, je le tue; quand je l'ai tué, je le mange. Il n'y a rien là que de juste, et je ne fais tort qu'aux vautours. »

Après le festin, le cacique invitait Alonzo à passer la nuit dans sa cabane, lorsque les femmes vinrent en foule et lui dirent : « Va-t'en. Ils sont assouvis; ils s'endorment. N'attends pas qu'ils s'éveillent et que la faim les presse. Nous les connaissons. Fuis; tu serais dévoré. » Cet avis salutaire pressa le départ d'Alonzo. Il se mit en chemin avec son nouveau guide, non sans avoir baisé cent fois les mains qui l'avaient délivré.

En arrivant au bord de l'Émeraude, il fut surpris de voir à l'autre rive un peuple nombreux s'embarquer avec ses femmes et ses enfants sur une flotte de canots. Il ordonne à son guide de passer à la nage, et de demander à ce peuple s'il descend vers Atacamès, ou s'il remonte l'Émeraude, et s'il veut recevoir sur un de ses canots un étranger ami des Indiens.

Le chef de cette colonie lui fit répondre qu'il remontait le fleuve, qu'il ne refusait point un homme qui s'annonçait en ami, et qu'on lui envoyait un canot pour venir lui parler lui-même.

Le jeune homme, après les périls extrêmes auxquels il venait d'échapper, ne voyait plus rien à craindre. Il prend congé de son guide, entre sans méfiance dans le canot, et passe à l'autre bord.

« Tu es Espagnol, et tu t'annonces comme l'ami des Indiens, lui dit, en le voyant, le chef de cette troupe de sauvages.

— Je suis Espagnol, lui répondit Alonzo, et je donnerais tout mon sang pour le salut des Indiens. C'est leur intérêt qui m'engage... » Comme il disait ces mots, ses yeux furent frappés d'une figure que les Indiens portaient à côté du cacique. A cette vue, Alonzo se trouble; la surprise, la joie et l'attendrissement suspendent son récit et lui coupent la voix. Dans cette image il entrevoit les traits, il reconnaît du moins le vêtement et l'attitude de Las-Casas,

« Ah ! dit-il d'une voix tremblante, est-ce Las-Casas? est-ce lui qu'on révère ici comme un dieu ? » Et il embrassa la statue. « C'est lui-même, dit le cacique. Est-il connu de toi ?

— S'il est connu de moi ! lui, dont les soins, l'exemple et les leçons ont formé ma jeunesse ! Ah ! vous êtes tous mes amis, puisque ses vertus vous sont chères, et que vous en gardez le souvenir. » A ces mots, il se jette dans les bras du cacique : « D'où venez-vous ? ajouta-t-il ; où l'avez-vous laissé ? et quel prodige nous rassemble ! » Deux frères qu'une amitié sainte aurait unis dès le berceau n'auraient pas éprouvé des mouvements plus doux en se réunissant après une cruelle absence.

« Peuple, dit Capana, c'est l'ami de Las-Casas que je rencontre sur ces bords. » Aussitôt le peuple s'empresse de témoigner au Castillan le plaisir de le posséder.

Alonzo attendrit le cacique en lui faisant l'éloge de Las Casas ; et le cacique lui raconta le voyage de l'homme juste dans le vallon qui leur servait d'asile. « Hélas ! ajouta le sauvage, le croiras-tu ? Cet Espagnol que nous avions sauvé à la prière de Las-Casas, c'est lui qui nous a perdus.

— Lui ?

— Lui-même.

— Le malheureux vous a trahis ?

— Oh non ! ce jeune homme était bon ; mais son père était un perfide. Il l'a fait épier comme il revenait parmi nous ; et notre asile découvert, il a fallu l'abandonner. Las d'être poursuivis, nous cherchons un refuge dans le royaume des incas. C'est à Quito que nous allons ; et, pour éviter les montagnes, nous avons pris ce long détour.

— C'est aussi à Quito que j'ai dessein d'aller, » dit Molina. Et il lui apprit comment, ayant quitté Pizarre, touché des maux qui menaçaient les peuples de ces bords, il avait résolu d'aller trouver Ataliba, pour l'appeler à leur secours. « Ah ! lui dit le cacique, je reconnais en toi le digne ami de l'homme juste ; il me semble voir dans tes yeux une étincelle de son âme. Sois notre guide ; présente-nous à l'inca comme tes amis, et réponds-lui de notre zèle. »

La colonie s'embarque, on remonte le fleuve ; et lorsque, affaibli vers sa source, il ne porte plus les canots, on suit le sentier qui pénètre à travers l'épaisseur des bois. Les racines, les fruits sauvages, les oiseaux blessés dans leur vol par les flèches des Indiens, les chevreuils et les daims timides atteints de même dans leur course ou pris dans des liens tendus ou cachés sous leurs pas, servent de nourriture à ce peuple nombreux.

Après avoir franchi cent fois les torrents et les précipices, on voit les forêts s'éclaircir, et la stérilité succède à l'excès importun de la fécondité. Au lieu de ces bois si touffus où la terre, trop vigoureuse, prodigue et perd les fruits d'une folle abondance, l'œil ne découvre plus au loin que des sables arides et que des rochers calcinés : les Indiens en sont épouvantés. Alonzo en frémit lui-même. Mais à peine ils sont arrivés sur la croupe de la montagne, il semble qu'un rideau se lève, et ils découvrent le vallon de Quito, les délices de la nature. Jamais ce vallon ne connut l'alternative des saisons ; jamais l'hiver n'a dépouillé ses riants coteaux ; jamais l'été n'a brûlé ses campagnes ; le laboureur y choisit le temps de la culture et de la moisson ; un sillon y sépare le printemps de l'automne ; la naissance et la maturité s'y touchent ; l'arbre, sur le même rameau, réunit les fleurs et les fruits.

Les Indiens, Molina à leur tête, marchent vers les murs de Quito, l'arc pendu au carquois, et tenant par la main leurs enfants et leurs femmes, signes naturels de la paix. Ce fut aux portes de la ville un spectacle nouveau que de voir tout un peuple demander l'hospitalité. L'inca, dès qu'il lui est annoncé, ordonne qu'on l'introduise et qu'on l'amène devant lui. Il sort lui-même, avec la dignité d'un roi, de l'intérieur de son palais, suivi d'une nombreuse cour, s'avance jusqu'au vestibule et y reçoit ces étrangers.

Le jeune Espagnol, qui marchait à côté du cacique, saluait le monarque et allait lui parler ; mais il fut prévenu par les frémissements et par les cris des Mexicains.

« Ciel ! dirent-ils, un de nos oppresseurs !

— Oui, poursuivit Orozimbo, je reconnais les traits, les vêtements de ces barbares. Inca, cet homme est Castillan ! laisse-moi venger ma patrie ! »

En disant ces mots, il avait l'arc tendu et allait

percer Molina. L'inca mit la main sur la flèche.

« Cacique, lui dit-il, modérez cet emportement : innocent ou coupable, tout homme suppliant mérite au moins d'être entendu. Parle, dit-il à Molina; dis-nous qui tu es, d'où tu viens, ce qui t'amène, ce que tu veux de moi. Garde surtout d'en imposer; et si tu es Castillan, ne sois point étonné de l'horreur que ta vue inspire à la famille de Montezume.

— Ah! s'il est vrai, lui dit Alonzo, leur ressentiment est trop juste, et ce serait peu de mon sang pour tout celui qu'on a versé. Oui, je suis Castillan; je suis l'un des barbares qui ont porté la flamme et le fer sur ce malheureux continent; mais je déteste leurs fureurs, je viens d'abandonner leur flotte. Je suis l'ami des Indiens; j'ai traversé des déserts pour venir jusqu'à toi et pour t'avertir des malheurs dont ta patrie est menacée. Inca, si, comme on nous l'assure, la justice règne avec toi, si l'humanité bienfaisante est l'âme de tes lois et la vertu de ton empire, je t'offre le cœur d'un ami, le bras d'un guerrier, les conseils d'un homme instruit des dangers que tu cours. Mais si je trouve dans ces climats la nature outragée par des lois tyranniques, par un culte impie et sanglant, je t'abandonne et je vais vivre dans le fond des déserts, au milieu des bêtes farouches, moins cruelles que les humains. Quant au peuple que je t'amène, je ne connais de lui que sa vénération pour un Castillan, mon ami et le plus vertueux des hommes. Je l'ai trouvé portant l'image de ce respectable mortel; la voilà;

je l'ai reconnue ; et dès lors j'ai été l'ami d'un peuple vertueux lui-même, puisqu'il adore la vertu. C'est par ses secours généreux que je suis venu jusqu'à toi. Je te réponds qu'il est sensible et intéressant, digne de l'appui qu'il implore. Il fuit son pays qu'on ravage ; et voilà son cacique, homme généreux, simple et juste, dont tu te feras un ami, si tu sens le prix d'un grand cœur. »

La franchise et la grandeur d'âme ont un caractère si fier et si imposant par lui-même, qu'en se montrant elles écartent la défiance et les soupçons. Dès que Molina eut parlé, Ataliba lui tendit la main.

« Viens, lui dit-il, le guerrier et l'ami, le courage de l'un, les conseils de l'autre, tout sera bien reçu de moi. Ton estime pour ce cacique et pour son peuple me répond de leur foi, et je n'en veux point d'autre gage. »

Il ordonna qu'on eût soin de pourvoir à tous les besoins de ses nouveaux sujets. Un hameau s'éleva pour eux dans une fertile vallée ; et Molina et le cacique, reçus et logés dans le palais des enfants du Soleil, partagèrent la confiance et la faveur du monarque avec les héros mexicains.

CHAPITRE VII.

Pizarre passe en Espagne. — Pendant son absence, Alvarado envoie Gomès tenter la conquête du Pérou. — Les Espagnols font naufrage en vue du port de Tumbès. — Délivrance de Télasco et d'Amazili.

Pizarre, de retour sur l'isthme, n'y avait trouvé que des cœurs glacés et rebutés par ses malheurs. Il vit bien que, pour imposer silence à l'envie et pour inspirer son courage à des esprits intimidés, sa voix seule serait trop faible ; il prit la résolution de se rendre lui-même à la cour d'Espagne, où il serait mieux écouté.

Ce long voyage donna le temps à un rival ambitieux de tenter la même entreprise.

Ce fut Alvarado, l'un des compagnons de Cortès, et celui de ses lieutenants qui s'était le plus signalé dans la conquête du Mexique.

La province de Guatimala était le prix de ses exploits ; il la gouvernait, ou plutôt il y dominait en monarque. Mais toujours plus insatiable de richesses et de gloire, il regardait d'un œil avide les régions du midi.

Dans son partage étaient tombés Amazili et Télasco, la sœur et l'ami d'Orozimbo : époux heureux, dans leur malheur, de vivre et de pleurer ensemble, de partager la même chaîne et de s'aider à la porter. Il les tenait captifs; et il avait appris par un Indien qu'Orozimbo et les neveux de Montezume, échappés aux fers des vainqueurs, allaient chercher une retraite chez ces monarques du midi, dont on lui vantait les richesses. Il en conçut une espérance qui alluma son ambition.

Il avait près de lui un Castillan, appelé Gomès, homme actif, ardent, intrépide, aussi prudent qu'audacieux. « J'ai formé, lui dit-il, un grand dessein; c'est à toi que je le confie. Nous n'avons encore travaillé l'un et l'autre que pour la gloire de Cortès; nos noms se perdent dans l'éclat du sien. Il s'agit pour nous d'égaler l'honneur de sa conquête et peut-être de l'effacer. Au midi de ce Nouveau-Monde est un empire plus étendu, plus opulent que celui du Mexique; c'est le royaume des Incas. Les neveux de Montezume ont espéré d'y trouver un asile; c'est par eux que je veux gagner la confiance du monarque dont ils vont implorer l'appui. Le jeune et vaillant Orozimbo est à leur tête; sa sœur et l'époux de sa sœur sont au nombre de mes esclaves. Un vaisseau t'attend au rivage avec cent Castillans des plus déterminés. Emmène avec toi mes captifs Amazili et Télasco; emploie avec eux la douceur, les ménagements, les caresses; aborde aux côtes du midi, envoie à la cour des Incas donner avis à Orozimbo que la liberté de sa sœur et de son ami dépend de toi et de lui-même; qu'ils l'attendent sur ton navire, et que la faveur des Incas, l'accès de

6*

leur pays, l'heureuse intelligence qu'il peut établir entre nous, sont le prix que je lui demande pour la rançon des deux esclaves que tu es chargé de lui rendre. Tu sens bien de quelle importance est l'art de ménager cette négociation, et avec quel soin les otages doivent être gardés jusqu'à l'événement. Je m'en repose sur ta prudence, et dès demain tu peux partir. »

Il fit venir les deux époux. « Allez retrouver Orozimbo, leur dit-il ; je vous rends à lui. Votre rançon est dans ses mains. »

La surprise d'Amazili et de Télasco fut extrême : elle tint leur âme un moment suspendue entre la joie que leur causait cette étrange résolution, et la frayeur que ce ne fût un piége. Ils tremblaient, ils se regardaient, ils levaient les yeux sur leur maître, cherchant à lire dans les siens.

Alvarado les embrassa avec une apparence de sensibilité. « Si vous êtes reconnaissants de mes bienfaits, leur dit-il, le seul prix que j'ose en attendre, c'est que vous m'en soyez témoins auprès du vaillant Orozimbo Dites-lui que, si je sais vaincre, je sais aussi mériter la victoire, et ménager mes ennemis quand la paix les a désarmés. » Alors les deux captifs, emmenés au rivage, s'embarquèrent sur le vaisseau, qui leva l'ancre au point du jour.

La course fut assez pénible jusque vers les îles Galapes ; mais là on sentit s'élever entre l'orient et le nord un vent rapide auquel il fallut obéir, et se voir pousser sur des mers qui n'avaient point encore vu de voiles. Six fois le soleil fit son tour sans que le vent fût apaisé. Il tombe enfin, et bientôt après un calme profond lui succède. Les ondes, violemment émues, se balancent longtemps encore après que le vent a cessé. Mais insensiblement leurs sillons s'aplanissent; et, sur une mer immobile, le navire, comme enchaîné, cherche inutilement dans les airs un souffle qui l'ébranle; la voile, cent fois déployée, retombe cent fois sur les mâts. Les jours, les nuits s'écoulent dans ce repos funeste.

Cependant les vivres s'épuisent. On les réduit, on les dispense d'une main avare et sévère. La nature, qui voit tarir les sources de la vie, en devient plus avide; et plus les secours diminuent, plus on sent croître les besoins. A la disette enfin succède la famine, fléau terrible sur la terre, mais plus terrible mille fois sur le vaste abîme des eaux.

Les premiers accès de la faim se font sentir sur le vaisseau : cruelle alternative de douleur et de rage, où l'on voyait des malheureux étendus sur des bancs, lever les mains vers le ciel avec des plaintes lamentables, ou courir éperdus et furieux de la proue à la poupe, et demander au moins que la mort vînt finir leurs maux. Gomès, pâle et défait, se montre au milieu de ces spectres, dont il partage les tourments; mais, par un effort de courage, il fait violence à la nature. Il parle à ses soldats, les soutient, les apaise, et tâche de leur inspirer un reste d'espérance que lui-même n'a plus.

Son autorité, son exemple, le respect qu'il imprime, suspend un moment leur fureur. Mais bientôt elle se rallume comme le feu d'un incendie ; et l'un de ces malheureux, s'adressant au capitaine, lui parle en ces terribles mots :

« Tu tiens en tes mains deux sauvages ; tu vois l'extrémité où nous sommes réduits, la faim dévore nos entrailles. Livre-nous ces infortunés qui n'ont plus, comme nous, que quelques moments à vivre, et auxquels ta religion t'ordonne de nous préférer.

— Si cette ressource pouvait vous sauver, lui répondit Gomès, je n'hésiterais pas ; je céderais, en frémissant, à l'affreuse nécessité ; mais ce n'est pas la peine d'outrager la nature pour souffrir quelques jours de plus. Mes amis, ne nous flattons point, à moins d'un miracle évident, il faut périr. Dieu nous voit, l'heure approche ; implorons le secours du Ciel. » Cette réponse les consterna, et chacun, s'éloignant dans un morne silence, alla s'abandonner au désespoir qui lui rongeait le cœur.

Dans un coin du vaisseau languissaient en silence Amazili et Télasco. Plus accoutumés à la souffrance, ils la supportaient sans se plaindre ; seulement ils se regardaient d'un œil attendri et mourant, et ils se disaient l'un à l'autre : « Je ne verrai plus mon frère, je ne verrai plus mon ami. »

Les Castillans, d'un air sombre et farouche, errant sans cesse autour d'eux, les regardaient avec des yeux ardents, et suivaient impatiemment les progrès de leur défaillance. A l'approche des Castillans, à leurs regards avides, à leurs frémissements, aux mouvements de rage qu'ils retenaient à peine, Télasco, qui croyait les voir, comme des tigres affamés, prêts à déchirer Amazili, se tenait près d'elle avec l'inquiétude de la lionne qui garde ses lionceaux. Ses yeux étincelants étaient sans cesse ouverts sur eux et les observaient sans relâche.

Gomès, qui lui-même observait les mouvements des Espagnols, leur fit donner quelque soulagement du peu de vivres qui restaient, et les contint pendant ce jour funeste. La nuit vint, et ne fut troublée que par des gémissements. Tout était consterné, tout resta immobile.

Amazili, d'une main défaillante, pressant la main de Télasco : « Mon ami, si nous étions seuls, je te demanderais, dit-elle, de m'épargner une mort lente, de me tuer pour te nourrir, heureuse d'ajouter mes jours aux tiens ! Mais ces brigands t'arracheraient mes membres palpitants, et, à ton exemple, ils croiraient pouvoir te déchirer toi-même et te dévorer après moi. C'est là ce qui me fait frémir.

— Il faut mourir ensemble, lui répondit Télasco; c'est l'unique douceur que notre affreux destin nous laisse. » Cette pensée adoucit leur peine; et l'abîme des eaux prêt à les engloutir devint pour eux comme un port assuré.

Avec le jour enfin se lève un vent frais, qui ramène l'espérance et la joie dans l'âme des Castillans. Quelle espérance, hélas! ce vent s'oppose encore à leur retour vers l'orient, et va les pousser plus avant sur un océan sans rivages. Mais il les tire de ce repos, plus horrible que tout le reste ; et, quelque route qu'il faille suivre, elle est pour eux comme une voie de délivrance et de salut.

On présente la voile à ce vent si désiré ; il l'enfle : le vaisseau s'ébranle, et sur la face ondoyante de cette mer si longtemps immobile il trace un vaste sillon. L'air ne retentit point de cris : la faiblesse des matelots ne leur permit que des soupirs et des mouvements de joie. On vogue, on fend la plaine humide, les yeux errant sur le lointain, pour découvrir, s'il est possible, quelque apparence de rivage. Enfin de la cime du mât le matelot croit apercevoir un point fixe vers l'horizon. Tous les yeux se dirigent vers ce point éminent, et qui leur paraît immobile. C'est une île ; on l'ose espérer, le pilote même l'assure. Les cœurs flétris s'épanouissent ; les larmes de la joie commencent à couler ; et plus la distance s'abrége, plus la confiance s'accroît.

Tout occupé du soin de ranimer ses soldats défaillants, Gomès leur fait distribuer le peu de vivres qu'on réservait pour le soutien des matelots. « Amis, dit-il, avant la nuit nous aurons embrassé la terre ; là, nous oublierons tous nos maux. »

Ces secours furent inutiles au plus grand nombre des Espagnols. Les organes trop affaiblis avaient perdu leur activité. Les uns mouraient en dévorant le pain dont ils étaient avides ; les autres, en frémissant de rage de ne pouvoir plus engloutir l'aliment qu'on leur présentait, en maudissant la pitié qui les avait fait s'abstenir de la chair et du sang humains.

Cependant le rivage approche. On voit des forêts verdoyantes s'élever au-dessus des eaux : c'étaient les îles qui depuis sont devenues célèbres sous le nom de Mendoce. On aborde, et on voit sortir d'un canal qui sépare ces îles fortunées une multitude de barques qui environnent le vaisseau. Ces barques sont remplies de sauvages d'une gaieté et d'une beauté ravissantes, presque nus, désarmés et portant dans la main des rameaux verts, où flotte un voile blanc en signe de paix et de bienveillance.

Le malheur avait amolli le cœur des Castillans et brisé leur orgueil farouche. L'éloignement et l'abandon leur avaient appris à aimer les hommes ; car le sentiment du besoin est le premier lien de la société. Pour être humain, il faut s'être reconnu faible. Attendris de l'accueil plein de bonté que leur font les sauvages, ils y répondent par les signes de la joie et de l'amitié. Les insulaires, sans défiance, s'élancent à l'envi de leurs barques sur le vaisseau ; et, voyant sur tous les visages la langueur et la défaillance, ils en paraissent attendris : leur empressement et leurs caresses expriment la compassion et le désir de soulager leurs hôtes.

Le capitaine n'hésita point à se livrer à leur bonne foi. Un port formé par la nature servit d'asile à son vaisseau ; et lui et les siens descendirent dans celle de ces îles dont le bord lui parut le plus riche et le plus riant.

Les insulaires, enchantés, les conduisent dans leur village, au bas d'une colline, sur le bord d'un ruisseau qui, d'un rocher, coule avec abondance et serpente dans un vallon dont la nature a fait le plus riant verger. Les cabanes de ce hameau sont revêtues de feuillages; l'industrie, éclairée par le besoin, y a réuni tous les agréments de la simplicité. Le nœud fragile qui, pendant la nuit, ferme l'entrée de ces cabanes est le symbole heureux de la sécurité, compagne de la bonne foi. La lance, l'arc et le carquois, suspendus sous ces toits paisibles, n'annoncent qu'un peuple chasseur : la guerre lui est inconnue.

D'abord les sauvages invitent leurs hôtes à se reposer; et à l'instant de jeunes filles apportent dans des corbeilles les fruits que leurs mains ont cueillis. Il en est un que la nature semble avoir destiné, comme un lait nourrissant, à ranimer l'homme affaibli par la vieillesse ou par la maladie. Ce fruit si délicat, si sain, sembla faire couler la vie dans les veines des Castillans. Un doux sommeil suivit ce repas salutaire; et le peuple, autour des cabanes, se tint dans le silence tandis que ses hôtes dormaient.

A leur réveil, ils virent ce bon peuple, se rassemblant le soir sous des palmiers plantés au milieu du hameau, les inviter à son repas. Des légumes, d'excellents fruits, une racine savoureuse, dont ils font un pain nourrissant, des tourterelles, des palombes, les hôtes des bois et des eaux, que la flèche a blessés, qu'a séduits l'hameçon ; une eau pure, quelques liqueurs qu'ils savent exprimer des fruits, et dont ils font un doux mélange : tels sont les mets et les breuvages dont ce peuple se nourrit.

Les Espagnols ne cessaient d'admirer des mœurs si nouvelles pour eux. La nuit, ce peuple hospitalier, leur cédant ses cabanes, n'en avait réservé que quelques-unes pour les vieillards, pour les enfants et pour les mères. La jeunesse, au bord du ruisseau qui serpentait dans la prairie, n'eut pour lit que l'émail des fleurs, pour asile que le feuillage du platane et du peuplier. On les vit, dans leurs danses, se choisir deux à deux, s'enchaîner de fleurs l'un à l'autre ; et quand le jour cessa de luire, quand l'astre de la nuit, au milieu des étoiles, fit briller son arc argenté, cette foule répandue sur un beau tapis de verdure ne fit que passer doucement de la joie au sommeil.

Quelle espèce de culte pouvait avoir ce peuple ? On désirait de s'en instruire ; on crut enfin le démêler. On vit dans une enceinte, que l'on prit pour un temple, quelques statues révérées. Gomès voulut savoir quelle idée ces insulaires y attachaient. Le vieillard qu'il interrogeait lui répondit : « Tu vois nos cabanes ; voilà l'image de celui qui nous apprit à les élever. Tu vois cet arc et ce carquois, voilà l'inventeur de ces armes. Tu nous as vus tirer du feu du froissement du bois et du choc des cailloux, voilà celui qui, le premier, découvrit à nos pères ce secret merveilleux. Regarde ces tissus d'écorce dont nous sommes à demi vêtus, l'art de les travailler nous est venu de celui-ci. Celui-là nous apprit à nouer les filets où les oiseaux et les poissons s'engagent. Près de lui se présente l'industrieux mortel qui nous a montré l'art de creuser les canots et de fendre l'onde à la rame. Cet autre imagina de transplanter les arbres, et il forma ce beau portique dont le hameau est ombragé. Enfin tous se sont signalés par quelque bienfait rare; et nous honorons les images qui nous représentent leurs traits. »

Des malheureux, à peine échappés aux dangers les plus effroyables, ayant trouvé dans cette île enchantée le repos, l'abondance, l'égalité, la paix, devaient être peu disposés à la quitter pour traverser les mers, où les mêmes horreurs les attendaient peut-être encore. Un nouveau charme vint s'offrir, et acheva de les captiver.

On les invita aux danses qui, sur le soir, rassemblaient dans la prairie les habitants du hameau. Gomès s'opposa vainement aux instances des Indiens; il vit qu'il les affligerait et qu'il révolterait sa flotte s'il obligeait les siens à résister aux plaisirs qui les appelaient. Tout ce qu'il put lui-même fut de se refuser à cet attrait si dangereux, et de ne pas donner l'exemple.

L'enchantement des Espagnols dans cette fête se conçoit mieux qu'on ne peut l'exprimer; mais bientôt, méprisant les lois établies pour régler les danses, ils menacent les insulaires, les intimident et effarouchent leurs plaisirs.

Gomès reçut, à son réveil, les justes plaintes des Indiens. « Tu nous as amené, lui dirent-ils, des bêtes féroces et non pas des hommes. Nous les rappelons à la vie, nous partageons avec eux les dons que nous fait la nature; nous les invitons à nos jeux, à nos festins, à nos plaisirs; et les voilà qui nous menacent et qui nous glacent de frayeur. Si tes compagnons veulent vivre en bonne intelligence avec nous, qu'ils tâchent de nous ressembler : qu'ils soient bienfaisants et paisibles. S'ils sont méchants, remmène-les. »

Gomès vit tout le danger de la licence qu'il avait donnée, et vit les suites qu'elle aurait s'il tardait à les prévenir. Mais l'ivresse, l'égarement où les esprits étaient plongés rendit ses efforts inutiles. Au mépris de la discipline, le désordre allait en croissant.

Les soldats se disaient entre eux que leur retour était impossible vers le rivage américain; que le vent d'orient qui régnait sur ces mers s'opposerait à leur passage; que, par un miracle visible, le Ciel les avait conduits dans un asile fortuné où l'on vivait exempt de fatigue et de soins, et au milieu de l'abondance; que, résolus de se fixer, ils n'avaient plus d'autre patrie et ne reconnaissaient plus de chef auquel ils dussent obéir. C'en était fait si les insulaires, révoltés de l'ingratitude et de l'orgueil des Castillans, n'avaient pris eux-mêmes la résolution et le moyen de s'en délivrer.

Une nuit, forcés de céder à l'arrogance impétueuse de leurs hôtes, et les laissant s'abandonner aux charmes des plaisirs, aux douceurs du sommeil, ils se saisirent de leurs armes et les jetèrent dans la mer.

Gomès, instruit de ce désastre, assembla les siens et leur dit : « Nos armes nous sont enlevées. Ce peuple se venge : il s'est lassé de vos mépris. Plus adroit que nous, plus agile, il serait ausi courageux. Mieux que nous il ferait usage de la flèche et du javelot. Il connaît les retranchements de ses bois et de ses montagnes ; et, des îles voisines, les peuples ses amis l'aideraient à nous accabler. Laissez-moi donc vous ménager une retraite assurée ; et, en attendant, évitez tout ce qui peut troubler la paix. »

A ce discours, les Castillans furent interdits et troublés. Les plus intrépides pâlirent, les plus impétueux se sentirent glacés.

Ce courage vulgaire, qui n'est dans l'homme qu'un sentiment de supériorité, abandonna les Castillans. Ils se repentirent d'avoir aliéné un peuple si brave et si juste, et ils supplièrent Gomès de les réconcilier ensemble. Gomès n'eut garde d'engager les Indiens à se laisser fléchir, et dès lors toute liaison fut rompue entre les deux peuples. Mais les devoirs de l'hospitalité n'en étaient pas moins observés. La même abondance régnait dans les cabanes des Castillans, et leur navire fut pourvu de tout ce qu'exigeait la longueur du voyage.

Amazili et Télasco n'eurent pas longtemps à se

consulter. « Renoncerons-nous à revoir ton frère et mon ami? dit Télasco à son épouse.

— Non, dit-elle, je ne puis vivre sur des bords où je serais sûre de ne le revoir jamais. Gomès nous donne l'espérance de nous rejoindre à lui; partons. »

Rien de plus rare, sur ces mers, que de voir les vents de l'aurore céder à celui du couchant. Gomès fut longtemps à l'attendre ; et lorsqu'il le vit s'élever, il en rendit grâces au Ciel comme d'un prodige opéré pour favoriser son retour. Il assemble les siens. « Compagnons, leur dit-il, n'attendons pas que l'on nous chasse. Le vent nous seconde; partons, et partons sans regret : cette terre inconnue n'eût été pour nous qu'un tombeau. Vivre sans gloire, ce n'est pas vivre. Être oublié, c'est être enseveli. Allons chercher des travaux qui laissent de nous quelque trace. »

Ce moment était favorable, et Gomès le saisit pour précipiter son départ. On le suit, on s'embarque, on dégage les ancres, on livre les voiles au vent. Les Indiens, tristement rassemblés sur le rivage, voyant le vaisseau s'éloigner, disaient en soupirant : « Que vont-ils devenir? ils étaient si bien parmi nous ! Pourquoi ne pas y vivre en paix ? Ils nous appelaient leurs amis, et nous ne demandions qu'à l'être. Mais non: ils sont méchants ; qu'ils partent. Ils nous auraient rendus méchants. »

Les Castillans, de leur côté, regrettaient cette île charmante. Tous les yeux y étaient attachés, tous les cœurs gémissaient de la voir s'éloigner.

Enfin elle échappe à leur vue ; et les soucis d'un long et pénible voyage viennent se mêler aux regrets d'avoir quitté ce fortuné séjour.

Bientôt l'inconstance des vents se fit sentir et tint la flotte dans de continuelles alarmes ; mais ils ne firent que décliner alternativement vers l'un ou l'autre pôle ; et l'art du pilote ne s'exerça qu'à diriger sa course vers l'aurore, sans s'écarter de l'équateur.

Le trajet fut long, mais tranquille jusqu'à la vue du Pérou. Le naufrage les attendait au port, et le Ciel voulut qu'Orozimbo fût témoin du désastre qui vengait sa patrie sur ces malheureux Castillans.

Alonzo, dans l'attente du retour de Pizarre, avait pressé l'inca, roi de Quito, de se mettre en défense. « Il n'est pas besoin, disait-il, d'élever des remparts solides ; des murs de sable et de gazon suffisent pour rebuter les Castillans. De tous les dangers de la guerre ils ne craignent que les lenteurs. C'est à Tumbès qu'ils vont descendre ; c'est ce port qu'il faut protéger. »

Ce plan de défense approuvé, Alonzo se chargea lui-même d'aller présider aux travaux. Orozimbo voulut le suivre, et par les champs de Tumibamba ils se rendirent à Tumbès. Le retour du jeune Espagnol chez ce peuple, son premier hôte, fut célébré par des transports de reconnaissance et d'amour.

Les travaux qu'Alonzo dirige commencent dès le jour suivant et sont poussés avec ardeur. Ils s'avançaient ; le fort qui dominait la plaine et qui menaçait le rivage excitait l'admiration des Indiens qui l'avaient élevé. Un soir qu'avec Orozimbo et le cacique de Tumbès, Alonzo parcourait l'enceinte de la forteresse et s'entretenait avec eux de cette fureur de conquête qui avait saisi les Espagnols, et qui dépeuplait leur pays pour dévaster un nouveau monde, il aperçut de loin le vaisseau de Gomès qui s'avançait à voiles déployées. Il regarde, et ne doutant pas que ce ne fût le vaisseau de Pizarre : « Les voilà ! les voilà ! dit-il. Quelle diligence incroyable a si fort pressé leur retour? Le Ciel les seconde, les vents semblent leur obéir. » Comme il disait ces mots, tout à coup, au milieu d'une sérénité perfide, un tourbillon de vent s'élève sur la mer. Les flots qu'il roule sur eux-mêmes s'enflent en écumant et semblent bouillonner. Dans le même instant un nuage, roulé comme les flots, s'abaisse, s'étend, s'arrondit, se prolonge en colonne ; et cette colonne fluide, dont la base touche à la mer, forme une pompe où l'onde émue, cédant sous le poids de l'air qui la presse alentour, monte jusqu'au nuage et va lui servir d'aliment.

Molina reconnut ce prodige si redouté des matelots, qui lui ont donné le nom de *trombe* ; et, à la vue du danger qui menaçait les Castillans, il oublia leurs crimes, les maux qu'ils avaient faits, et les maux qu'ils allaient faire encore ; il se souvint seulement que leur patrie était la sienne, et son cœur fut saisi de crainte et de compassion.

Gomès eut beau se hâter de faire ployer les voiles pour ne pas donner prise au tourbillon rapide qui enveloppait son vaisseau, le vent le saisit, l'entraîna jusque sous la colonne d'eau, qui, rompue par les antennes, tomba comme un déluge sur le navire et l'engloutit.

« Le Ciel est juste, s'écria Orozimbo. Qu'ainsi périssent tous les brigands qui ont ravagé, détruit, inondé de sang ma patrie !

— Cacique, lui dit Molina, réservez votre haine et vos malédictions pour les heureux coupables. Le malheur a le droit sacré de purifier ses victimes ; et celui que le Ciel punit devient comme innocent pour nous. » Orozimbo rougit de la joie inhumaine qu'il venait de faire éclater. « Pardon, dit-il, j'ai tant souffert ! j'ai tant vu souffrir mes amis ! »

Le calme renaît. La colonne et le navire avaient disparu. Mais peu d'instants après on aperçut de loin deux malheureux échappés du naufrage, qui nageaient à l'aide d'un banc dont ils s'étaient saisis. « Ah ! s'écrie Orozimbo, ils respirent encore, il faut les secourir. Caciques, hâtez-vous ; détachez des canots pour les sauver, s'il est possible. Je vais au-devant d'eux. » Un canot le suivit de près, et le joignit avant qu'il eût atteint le bois flottant au gré de l'onde, que ces malheureux embrassaient.

Ces malheureux étaient sa sœur et son ami, qui, prévoyant la chute de la trombe, s'étaient élancés dans les eaux, plus hardis que les Castillans et plus exercés à la nage. « On vient à nous, courage, ma chère Amazili, disait Télasco : soutiens-toi ; nous touchons au salut.

— Ah ! je succombe, disait-elle ; ma faiblesse est extrême ; mes défaillantes mains vont abandonner leur appui. Si l'on tarde un moment encore, c'en est fait, tu ne me verras plus. »

Cependant leur libérateur, monté sur le canot, fait redoubler l'effort des rames. Il arrive, il se penche, il tend les bras : « Venez, dit-il ; oh ! qui que vous soyez, vous êtes nos amis, puisque vous êtes malheureux. » Le péril, le trouble, l'effroi, l'image de la mort présente empêcha de le reconnaître. Amazili saisit la main qu'il lui tendait. Il la prend dans ses bras, l'enlève, et reconnaît sa sœur, une sœur adorée. Il jette un cri. « Ciel ! est-ce toi ? ma sœur ! ma chère Amazili !

— Ah ! laisse-moi, dit-elle d'une voix expirante, et sauve Télasco. » A ce nom, Orozimbo, la laissant étendue au milieu des rameurs, s'élance dans les flots, où son ami surnage encore ; il le saisit par les cheveux dans le moment qu'il enfonçait, regagne la barque, y remonte et y enlève son ami.

Télasco, qui l'a reconnu, succombe à sa joie, il l'embrasse, et sentant ses genoux ployer, il tombe auprès d'Amazili. Orozimbo, qui croit les voir expirer l'un et l'autre, les appelle à grands cris. Télasco revient le premier d'un long évanouissement ; mais c'est pour partager la crainte et la douleur de son ami. Livide, glacée, étendue entre son frère et son époux, Amazili respire à peine. Orozimbo sur ses

7

genoux soutient sa tête languissante, dont les yeux sont fermés encore, et sur ce visage, où se peint la pâleur de la mort, il verse un déluge de larmes. Télasco cherche inutilement à travers sa paupière quelques étincelles de vie. « Tu respires, lui disait-il ; mais tu as perdu le sentiment. Tu n'entends plus ma voix ! Ton âme va-t-elle s'éteindre, et ton cœur se glacer? Après tant de périls, après t'avoir sauvée, ô moitié de mon âme! la mort, la mort cruelle te saisit dans nos bras ! O mon cher Orozimbo, le jour qui nous rassemble sera-t-il le plus malheureux de tes jours et des miens! N'as-tu revu ta sœur que pour l'ensevelir ! n'as-tu embrassé ton ami, ne l'as-tu retiré des flots, que pour le voir, désespéré, s'y précipiter à jamais? »

Cependant le canot avait abordé au rivage, et le cacique et Molina ne savaient que penser de cet événement. « Ah! vous voyez le plus heureux des hommes, si je puis ranimer cette femme expirante, leur dit Orozimbo : c'est ma sœur; voilà cet ami dont je vous ai tant de fois parlé. Le Ciel réunit dans mes bras ce que j'ai de plus cher au monde. Ah! s'il est possible, aidez-moi à rendre la vie à ma sœur. »

Lorsque Amazili, ranimée, ouvrit les yeux à la lumière, elle crut, au sortir d'un pénible sommeil, être abusée par un songe. Elle regarde autour d'elle; elle n'ose en croire ses yeux. « Quoi ! dit-elle, est-ce vous? mon frère! mon ami! Parlez, rassurez-moi.

— Oui, tu revois Télasco.

— Tous mes sens sont troublés ; mon âme est égarée ; je ne sais encore où je suis. Télasco ! j'étais avec toi, et nous allions périr ensemble. Mais mon frère !

— Il est dans tes bras. Notre bonheur est un prodige.

— Hélas ! je suis trop faible pour l'excès de ma joie. Viens, Télasco, retiens mon âme sur mes lèvres ; je sens qu'elle va s'échapper. » Elle achève à peine ces mots ; et, sans un déluge de larmes qui soulagea son cœur, elle allait expirer. Télasco recueillit ces larmes. « Rends le calme à tes sens, respire, ô mon unique bien ! lui disait-il ; vis pour aimer, pour rendre heureux un frère, un époux, qui t'adorent.

— Mon ami ! mon frère ! c'est vous ! redisait-elle mille fois en leur tendant les mains ; je retrouve tout ce que j'aime ! Dites-moi sur quels bords et quel prodige nous rassemble. Sommes-nous chez un peuple ami ?

— Vraiment ami, lui dit Orozimbo ; et je vous réponds de son zèle. Voilà son roi qui nous est dévoué ; et plus loin, par delà ces hautes montagnes, règne un monarque plus puissant, qui nous comble de ses bienfaits. »

La joie et le ravissement de ces trois Mexicains ne peut se concevoir. Ils ne se lassent point d'entendre mutuellement leurs aventures ; et le souvenir retracé des dangers qu'ils avaient courus les faisait frémir tour à tour.

Cependant le rempart s'élève; Alonzo le voit s'achever. Il instruit, il exerce le cacique et son peuple à la défense de leurs murs, et, après avoir tout prévu, tout disposé pour leur défense, il retourne auprès de l'inca, suivi de ces trois Mexicains.

Ataliba reçut avec tant de bonté la sœur et l'ami d'Orozimbo, qu'en se voyant dans son palais ils croyaient être au sein de leur patrie, dans la cour des rois leurs aïeux.

Mais ce monarque généreux était loin de jouir lui-même du repos qu'il leur procurait. Une profonde mélancolie s'est emparée de son âme. Puissant, aimé, révéré de son peuple, il fait des heureux et il ne l'est point. La fortune, envieuse de ses propres dons, a mêlé l'amertume des chagrins domestiques aux douceurs apparentes de la prospérité.

CHAPITRE VIII.

Ataliba raconte à Alonzo l'histoire du royaume des incas. — Le jeune Castillan est envoyé comme ambassadeur à la cour de Cusco.

La confiance d'Ataliba autorisait Alonzo à chercher dans son âme le secret de cette tristesse dont il le voyait consumé. « Inca, lui dit-il, j'appréhende que le danger qui te menace et dont j'ai voulu t'avertir ne t'ait frappé trop vivement.

— Tu me soulages, lui dit l'inca, en interrogeant ma tristesse. Je n'osais t'affliger; cependant j'ai besoin qu'un ami s'afflige avec moi. Écoute, il s'agit de mes droits au trône que j'occupe, et d'où l'inca roi de Cusco s'obstine à me vouloir chasser. J'aurais besoin auprès de lui d'un ministre éclairé et d'un médiateur habile, et j'ai jeté les yeux sur toi. Veux-tu l'être?

— Oui, répond Alonzo, si ta cause est juste.

— Elle est juste; et tu vas toi-même en juger. Apprends donc quel fut le génie de cet empire dès sa naissance, dans quelle vue il a été fondé, et comment, destiné à s'agrandir sans cesse, il ne pouvait, sans s'affaiblir, n'être pas enfin partagé.

« Autrefois ce pays immense était habité par des peuples sans lois, sans discipline et sans mœurs. Errants dans les forêts, ils vivaient de leur proie et des fruits qu'une terre inculte semblait produire par pitié. Leur chasse était une guerre que l'homme faisait à l'homme. Les vaincus servaient de pâture aux vainqueurs. Ils n'attendaient pas le dernier soupir de celui qu'ils avaient blessé pour boire le sang de ses veines; ils le déchiraient tout vivant. Ils faisaient des captifs, et ils les engraissaient pour leurs festins abominables.

» Quelques-uns d'entre eux, par l'instinct de la reconnaissance, adoraient dans la nature tout ce qui leur faisait du bien : les montagnes mères des fleuves, les fleuves mêmes et les fontaines qui arrosaient la terre et la fertilisaient, les arbres qui donnaient du bois à leurs foyers, les animaux doux et timides dont la chair était leur pâture, la mer abondante en poissons, et qu'ils appelaient leur nourrice. Mais le culte de la terreur était celui du plus grand nombre.

« Ils s'étaient fait des dieux de tout ce qu'il y avait de plus hideux, de plus horrible; car il semble que l'homme se plaise à s'effrayer. Ils adoraient le tigre, le lion, le vautour, les grandes couleuvres; ils adoraient les éléments, les orages, les vents, la foudre, les cavernes, les précipices; ils se prosternaient devant les torrents dont le bruit imprimait la crainte; devant les forêts ténébreuses, au pied de ces volcans terribles qui vomissaient sur eux des tourbillons de flammes et des rochers brûlants.

« Après avoir imaginé des dieux cruels et sanguinaires, il fallut bien leur rendre un culte barbare comme eux. L'un crut leur plaire en se perçant le sein, en se déchirant les entrailles; l'autre, plus forcené, arracha ses enfants de la mamelle de leur mère, et les égorgea sur l'autel de ses dieux altérés de sang. Plus la nature frémissait, plus la divinité devait se réjouir. On croyait pouvoir tout attendre des dieux à qui l'on immolait tout ce qu'on avait de plus cher.

« Celui dont les rayons animent la nature vit cet égarement, et il en eut pitié. Il n'est pas étonnant, dit-il, que des insensés soient méchants. Au lieu de les punir de s'égarer dans les ténèbres, envoyons-leur la vérité, ils marcheront à sa lumière. Il ne m'est pas plus difficile d'éclairer leur intelligence que d'éclairer leurs yeux.

« Il dit, et il envoie dans ces climats sauvages deux de ses enfants bien-aimés, le sage et vertueux Manco et la belle Oello, sa sœur et son épouse.

« Mon cher Alonzo, tu verras l'endroit célèbre et révéré où ces enfants du Soleil descendirent. Les sauvages, répandus dans les forêts d'alentour, se rassemblèrent à leur voix. Manco apprit aux hommes à labourer la terre, à la semer, à diriger le cours des eaux pour l'arroser ; Oello instruisit les femmes à filer, à ourdir la laine, à se vêtir de ses tissus, à vaquer aux soins domestiques, à servir leurs époux avec un zèle tendre, à élever leurs enfants.

« Au don des arts, ces fondateurs ajoutèrent le don des lois. Le culte du Soleil leur père, ce culte inspiré par l'amour et fondé sur la reconnaissance, fut la première de ces lois et l'âme de toutes les autres.

L'homme, étonné de voir si près de lui des biens qu'il ne soupçonnait pas, l'abondance, la sûreté, la paix, crut recevoir un nouvel être. Ses besoins satisfaits, ses terreurs dissipées, le plaisir d'adorer un dieu propice et bienfaisant, le devoir d'être juste et bon à son exemple, la facilité d'être heureux, la bienveillance mutuelle, le charme enfin d'une innocente et paisible société, captiva tous les cœurs.

Honteux d'avoir été aveugles et barbares, ces peuples se laissèrent apprivoiser sans peine et ranger sous de douces lois. Cusco fut bâtie par leurs mains; cent villages l'environnèrent; et le vénérable Manco, avant d'aller se reposer auprès du Soleil son père, vit prospérer dès sa naissance l'empire qu'il avait fondé.

« Son fils aîné lui succéda; et comme lui, par la douceur, la persuasion, les bienfaits, il recula les bornes de cet heureux empire.

« Le fils aîné de celui-ci fit respecter ses armes, et ne les employa qu'à rendre ses voisins dociles, sans tremper ses mains dans leur sang.

« Son successeur fut moins heureux : les peuples qu'il voulait gagner le forcèrent de les combattre. Le premier combat fut sanglant; mais le vainqueur, par ses vertus, se fit pardonner sa victoire : sa valeur apprit à le craindre, sa clémence apprit à l'aimer.

« Le fils aîné de ce héros fit des conquêtes encore plus vastes, sans coûter ni larmes ni sang aux peuples qu'il soumit à son obéissance. Son retour à Cusco fut le plus beau triomphe : il y fut porté par des rois.

« Les incas qui lui succédèrent furent obligés quelquefois, pour dompter des peuples féroces, d'assiéger leur retraite, de les y repousser, et de leur laisser prendre conseil de la nécessité; mais nos armes les attendaient et ne les provoquaient jamais. On avait pour maxime de les abandonner plutôt que de les détruire, s'ils s'obstinaient à vivre indépendants et malheureux. La paix allait au-devant, toujours indulgente et facile, n'exigeant de ces rebelles que de consentir à goûter les biens qu'elle leur présentait. Engager le monde à être heureux fut le grand projet des incas. Un culte pur, de sages lois, des lumières, des arts utiles étaient le fruit de la victoire, et ils les laissaient aux vaincus. Telle a été pendant onze règnes leur ambition et leur gloire ; tel a été le prix de leurs travaux.

« Cependant, plus on étendait les limites de cet empire, plus on avait de peine à les garder. Dans tout l'espace de dix règnes, l'empire n'avait vu qu'une seule révolte. Mon père, le plus doux et le plus juste des rois, en vit trois : l'une vers le nord, deux au midi de ces montagnes. Les extrémités reculées n'étaient plus sous les yeux du monarque. Vers l'aurore, on avait franchi la haute barrière des Andes ; on touchait à la mer dans les régions du couchant ; vers le nord et vers le midi, nous avions encore à pénétrer dans les déserts profonds et vastes ; enfin le plan de nos conquêtes embrassait tout le continent : il exigeait donc un partage entre les enfants du Soleil.

« Mon père, après avoir conquis cette vaste et riche province, a cru que le moment du partage était arrivé. Il avait épousé deux femmes : l'une était Ocello, sa sœur ; l'autre, Zulma, fille du sang des rois. Huascar est l'aîné des enfants d'Ocello ; il possède Cusco, la ville du Soleil et l'empire de nos ancêtres. Je suis l'aîné des enfants de Zulma, et la province de Quito, ce fruit des exploits de mon père, est l'héritage qu'en mourant il a bien voulu me laisser.

« A-t-il pu disposer d'un bien qu'il ne tenait que de lui-même, qu'il ne devait qu'à sa valeur? C'est ce qui cause entre mon frère et moi des débats qui seront sanglants, s'il me force à prendre les armes.

« Mon frère est altier et superbe ; son froid orgueil ne sut jamais fléchir. Au mépris de la volonté et de la mémoire d'un père, il exige de moi que je descende du trône et que je me range sous ses lois. Tu sens si je puis m'y résoudre. J'aime mon frère ; il m'est affreux de voir sa haine me poursuivre ; il m'est affreux de penser que son peuple et le mien vont être ennemis l'un de l'autre, et qu'une guerre domestique, allumée entre les incas, va les livrer demi-vaincus à un oppresseur étranger. Mais ce sceptre, ce diadème, c'est de mon père seul que je les tiens ; laisserai-je outrager mon père? Il n'est rien qu'à titre d'égal, d'allié, de frère et d'ami, Huascar n'obtienne de moi. Veut-il étendre ses conquêtes par delà les bords du Mauli ou sur le fleuve des Couleuvres ? je le seconderai. Lui reste-t-il encore dans les vallées de Nasca ou de Pisco quelques rebelles à dompter ? je l'aiderai à les soumettre ; ses ennemis seront les miens. Mais pourquoi demander ma honte? pourquoi vouloir déshonorer et avilir son propre sang? Les larmes que tu vois s'échapper de mes yeux te sont témoins de ma franchise. Je désire ardemment la paix ; je suis sensible, mais je suis violent, et je me crains surtout moi-même. C'est à toi, cher Alonzo, à nous sauver des maux dont la discorde nous menace. Va trouver mon frère à Cusco. L'humanité réside dans ton cœur et la vérité sur tes lèvres ; ta candeur, ta droiture, l'ascendant naturel de ta raison sur nos esprits, enfin ce charme si touchant que tu donnes à tes paroles, le fléchira peut-être et nous épargnera d'effroyables calamités. Ne crains pas d'exprimer trop vivement l'horreur que me fait la guerre civile ; mais aussi ne crains pas d'assurer que jamais je n'abandonnerai mes droits. Mon père en mourant m'a placé sur un trône élevé, affermi par lui-même, il faut m'en arracher sanglant. »

Alonzo sentit l'importance et les difficultés d'une telle entremise ; mais il voulut bien s'en charger, et tout fut préparé dans peu pour donner à son ambassade une splendeur qui répondît à la majesté des deux rois.

L'inca, pour entreprendre l'ouvrage de la paix sous de favorables auspices, fit un sacrifice au Soleil.

Alonzo allait partir, quand un événement terrible et imprévu vint désoler Quito et retarder le départ des ambassadeurs. Oh ! heureux les peuples qui cultivent les vallées et les collines que la mer forme dans son sein, des sables que roulent ses flots et des dépouilles de la terre ! le pasteur y conduit ses troupeaux sans alarmes; le laboureur y sème et y moissonne en paix. Mais malheureux les peuples voisins de ces montagnes sourcilleuses dont le pied n'a jamais trempé dans l'Océan, et dont la cime s'élève au-dessus des nues! Ce sont des soupiraux que le feu souterrain s'est ouverts en brisant la voûte des fournaises profondes où sans cesse il bouillonne. Il a formé ces monts des rochers calcinés, des métaux brûlants et liquides, des flots de cendre et de bitume qu'il lançait, et qui, dans leur chute, s'accumulaient au bord de ces gouffres ouverts. Malheur aux peuples que la fertilité de ce terrain perfide attache! Les fleurs, les fruits et les moissons couvrent l'abîme sous leurs pas; ces germes de fécondité dont la terre est pénétrée sont les exhalaisons du feu qui la dévore; sa richesse en croissant présage sa ruine; et c'est au sein de l'abondance qu'on lui voit engloutir ses heureux possesseurs. Tel est le climat de Quito. La ville est dominée par un volcan terrible qui, par de fréquentes secousses, en ébranle les fondements.

Un jour que le peuple indien, répandu dans les campagnes, labourait, semait, moissonnait (car ce riche vallon présente tous ces travaux à la fois), et que les filles du Soleil, dans l'intérieur de leur palais, étaient occupées, les unes à filer, les autres à ourdir les précieux tissus de laine dont le pontife et le roi sont vêtus, un bruit sourd se fait d'abord entendre dans les entrailles du volcan; ce bruit, semblable à celui de la mer lorsqu'elle conçoit les tempêtes, s'accroît et se change bientôt en un mugissement profond; la terre tremble, le ciel gronde, de noires vapeurs l'enveloppent; le temple et les palais chancellent et menacent de s'écrouler; la montagne s'ébranle, et sa cime entr'ouverte vomit, avec les vents enfermés dans son sein, des flots de bitume liquide et de tourbillons de fumée qui rougissent, s'enflamment, et lancent dans les airs des éclats de rochers brûlants qu'ils ont détachés de l'abîme : superbe et terrible spectacle, de voir des rivières de feu bondir à flots étincelants à travers des monceaux de neige, et s'y creuser un lit vaste et profond.

Dans les murs, hors des murs, la désolation, l'épouvante, le vertige et la terreur se répandent en un instant. Le laboureur regarde et reste immobile. Il n'oserait entamer la terre, qu'il sent comme une mer flottante sous ses pas. Parmi les prêtres du Soleil, les uns, tremblants, s'élancent hors du temple; les autres, consternés, embrassent l'autel de leur dieu. Les vierges, éperdues, sortent de leur palais dont les toits menacent de fondre sur leurs têtes, et, courant dans leur vaste enclos, pâles, échevelées, elles tendent leurs mains timides vers ces murs d'où la pitié même n'ose approcher pour les secourir.

Enfin, après un jour et une nuit passés dans une frayeur toujours renaissante, le péril s'éloigne et bientôt il s'évanouit. La terre cesse de trembler, le volcan cesse de mugir. Cette pyramide de feu qui s'élevait du sommet de la montagne, s'émousse et paraît s'enfoncer; les noirs tourbillons de fumée dont le ciel était obscurci commencent à se dissiper; un vent d'orient les chasse vers la mer. L'azur du ciel s'épure, et le soleil, par sa consolante clarté, vient rassurer la nature.

Alonzo partit alors. Une route immense, aplanie d'une extrémité de l'empire à l'autre, à travers les hautes montagnes, les abîmes et les torrents, monument prodigieux de la grandeur des incas, et, sur cette route, les arsenaux distribués par intervalles; les hospices sans cesse ouverts aux voyageurs, les forteresses et les temples; les canaux qui, dans les campagnes, faisaient circuler l'eau des fleuves; les merveilles de la nature dans des climats nouveaux pour le jeune Espagnols, le jetaient dans l'admiration. En approchant de Cusco, il se fit précéder par trois caciques, et s'annonça au monarque en ces mots : « Un homme né par delà les mers et vers les bords d'où le soleil se lève, un Castillan reçu dans la cour de ton frère, vient te voir et t'apporter des paroles de paix. »

La renommée des Castillans était parvenue à Cusco; et ce nom, devenu terrible, frappa le superbe Huascar. Il envoya au-devant d'Alonzo une partie de sa cour, et le reçut lui-même dans toute la splendeur de la majesté des incas, élevé sur un trône d'or, dans un palais dont les lambris, les murs mêmes étaient revêtus de ce métal éblouissant, ayant à ses pieds vingt caciques, et à ses côtés vingt tribus d'incas descendants de Manco.

Alonzo, qui jamais n'avait rien vu de si auguste, en fut saisi d'étonnement. Le prince, avec une bonté majestueuse, lui fit signe de s'approcher et de parler.

« Inca, lui dit Alonzo, c'est un présent du Ciel qu'un frère vertueux et tendre; c'est un don du Ciel non moins rare qu'un véritable ami. Réjouis-toi : le Ciel t'a donné l'un et l'autre dans le roi de Quito. Son âme m'est connue, et mon cœur, qui jamais n'a su mentir, répond du sien. Vous êtes tous deux menacés par un ennemi redoutable qui s'avance de l'orient. Vous avez besoin l'un de l'autre pour résister à ses efforts. Réunis, vous pouvez le vaincre; divisés, vous êtes perdus. L'inca ton frère demande ton secours et t'offre celui de ses armes. Tel est l'objet de l'ambassade dont il m'honore auprès de toi.

— J'ai bien voulu t'entendre, lui répondit l'inca, quoique envoyé par un rebelle; mais, avant tout, n'es-tu pas toi-même un de ces étrangers nouvellement descendus sur nos bords, et qui, dans les campagnes d'Acatamès, ont semé l'épouvante? Tu te dis Castillan; c'est, je crois, le nom qu'on leur donne; ils viennent, dit-on, comme toi, des bords de l'orient.

— Oui, je suis du nombre de ceux que l'on a vus sur ce rivage, lui dit Alonzo. Je cherchais la gloire sur leurs pas : je n'ai vu que le crime, et je les ai abandonnés. J'aime la bonne foi, j'honore la droiture et la grandeur d'âme ; et c'est ce qui m'attache à ce généreux prince qui te parle ici par ma voix. Tous les deux nés du même sang, enfants du même père, aimez-vous et vivez en paix, vous serez heureux et puissants.

— S'il se souvient, reprit Huascar, de quel père nous sommes nés, qu'il se rappelle aussi quels rangs nous a marqués la naissance. Le Soleil n'a donné qu'un maître à cet empire ; le règne de son fils doit être l'image du sien. Il n'a point d'égal dans le ciel, et je n'en veux point sur la terre.

— Inca, lui répondit Alonzo, je veux bien parler ton langage et supposer ce que tu crois. N'aimes-tu pas assez les hommes, et n'estimes-tu pas assez les lois de tes aïeux, pour souhaiter que l'univers fût rangé sous des lois paisibles ?

— Sans doute, répondit l'inca, je le souhaite et je l'espère : c'est la volonté du Soleil ; les temps la verront s'accomplir.

— Et alors, poursuivit Alonzo, le monde n'aura-t-il qu'un roi comme il n'a qu'un soleil ? La sagesse d'un homme étendra-t-elle ses regards aussi loin que l'astre du jour étend l'éclat de sa lumière ? Tu n'oserais le croire : ose donc avouer que ta vigilance a des bornes, que ta puissance en doit avoir, et qu'il serait injuste de vouloir envahir ce que l'on ne peut gouverner.

— Étranger, quelle est ton audace, interrompit l'inca, de venir me marquer les limites de ma puissance !

— Ce n'est pas moi, lui dit Alonzo, c'est la nature qui les a marquées, je ne dis que ce qu'elle a fait. Je t'avertis que tu es homme par ta faiblesse quand tu veux être un dieu par ton ambition.

— Je suis homme, mais je suis roi, reprit l'inca, et ce nom seul t'apprend le respect qui m'est dû.

— Sache, lui dit Alonzo, que mes pareils parlent aux rois sans les flatter, et les respectent sans les craindre. Il ne tient qu'à toi de me voir à tes pieds, mais commence par être juste et par honorer la mémoire d'un père qui fut roi lui-même. C'est de sa main que ton frère a reçu le sceptre que tu lui disputes, et, en désavouant le don qu'il lui a fait, tu l'insultes dans son tombeau et tu foules aux pieds sa cendre. »

L'inca frémit; mais son orgueil l'emporta sur sa piété. « Mon père, dit-il, a vieilli, et dans cet état de défaillance l'homme est crédule et facile à tromper. Il a cédé aux artifices d'une femme ambitieuse; et pour le fils de l'étrangère il a déshérité celui que les sages lois de Manco lui avaient donné pour successeur.

— Il t'a remis, lui dit Alonzo, tout ce qu'il avait reçu : il n'a disposé que de sa conquête.

— Si, comme lui, chacun de nos rois, dit le prince, eût dissipé ce qu'il avait acquis, où serait leur empire? L'unité de pouvoir en fait la grandeur et la force; et mon père, qui, sans partage, l'avait reçu de ses aïeux, devait le laisser sans partage. On l'a surpris, et, sans cesser d'honorer ses vertus, de révérer sa cendre, je puis désavouer un instant de faiblesse qui lui fit oublier mes droits.

— Apprends, lui dit Alonzo, qu'au nord de ces climats un empire aussi vaste, plus puissant que le tien, vient d'être ravagé, détruit, inondé du sang de ses peuples, pour avoir été divisé. Ses princes, à peine échappés au glaive du vainqueur, se sont réfugiés dans la cour de l'inca ton frère; et leur malheur atteste ce que je te prédis. Un ennemi terrible va vous trouver tous deux affaiblis, défaits l'un par l'autre. Ah! songe à sauver ton empire; et, quand la foudre est sur ta tête et l'abîme à tes pieds, tremble, malheureux prince, tremble toi-même au lieu de menacer. »

Toute la cour qui l'entendait parut troublée à ce langage, l'inca lui-même en fut ému. Mais dissimulant sa frayeur sous les dehors de la fierté:

« C'est, dit-il, à l'usurpateur à prévenir les maux dont il serait la cause, et à se ranger sous mes lois.

— Ne l'espère pas, dit Alonzo, consterné de sa résistance. Ataliba, couronné par un père expirant, ne croira jamais avoir usurpé ce qu'il a reçu de son père. Il regarde sa volonté comme une inviolable loi. Il faut, pour le chasser du trône, l'en arracher sanglant: je te répète ses paroles. C'est à toi de voir si tu veux te baigner dans le sang d'un frère vertueux qui t'aime. qui fait sa gloire et son bonheur d'être ton allié, ton ami le plus tendre; qui te conjure, au nom d'un père, de ne pas révoquer les dons qu'il lui a faits; qui te conjure, au nom de son peuple et du tien, de ne pas le forcer à une guerre impie. Dispose de lui et de ses armes: il ne craint point la guerre; il a sous ses drapeaux un peuple fidèle et vaillant; il a vingt rois autour de lui, tous aussi dévoués que moi. Tout ce qu'il craint, c'est de verser le sang de ses amis, de sa famille, de ces peuples qui, sujets de vos pères, nés sous les mêmes lois, sont ses enfants comme les tiens. Consulte comme lui ton cœur: il doit être bon, magnanime, sensible au moins à la pitié. Il ne s'agit pas de régler entre nous tes droits et les siens; de pareils débats n'ont jamais été vidés par les armes. Il s'agit de savoir lequel des deux perd le plus à céder. Il y va pour lui, d'un royaume; pour toi, d'une province inutile à ta gloire, à ta puissance, à ta grandeur. Il défend, avec sa couronne, l'honneur de son père et le sien; à ces intérêts qu'opposes-tu? l'orgueil de ne point souffrir de partage! Vois si cela mérite d'allumer entre vous les feux d'une guerre civile, au moment qu'un péril commun vous presse de vous réunir. »

Le fier Huascar n'en voulut pas entendre davantage; mais la franchise courageuse, la noble fermeté d'Alonzo, laissèrent dans tous les esprits l'étonnement et le respect; l'inca lui même en fut saisi.

« Je ne sais, disait-il, mais cette race d'hommes a quelque chose d'imposant et de supérieur à nous. Je veux bien gagner la bienveillance et l'estime de celui-ci. Qu'on lui rende tous les honneurs qui sont dus à son ministère et à la dignité dont il est revêtu. »

Il l'admit à sa table, et prenant avec lui le ton de l'amitié : « Castillan, lui dit-il, je veux bien accéder, autant que je le puis sans honte, à la paix que tu me proposes. Qu'Ataliba garde son apanage, qu'il règne à Quito, j'y consens, mais tributaire de l'empire et obligé de rendre hommage à l'aîné des fils du Soleil. »

Quoiqu'il y eût peu d'apparence qu'Ataliba subît cette condition, Alonzo ne crut pas devoir la rejeter sans l'en instruire ; et, en attendant sa réponse, il eut le temps de voir tout ce qui décorait et au dedans et au dehors la florissante ville du Soleil.

CHAPITRE IX.

Description de Cusco. — Guerre entre les deux incas. — Prise et délivrance d'Ataliba.

Le temple du Soleil, le palais du monarque, ceux des incas, celui des vierges, la forteresse à triple enceinte qui dominait la ville et qui la protégeait ; les canaux qui, du haut des montagnes voisines, y répandaient en abondance des eaux vives et salutaires ; l'étendue et la magnificence des places qui la décoraient ; ces monuments dont il ne reste plus que de déplorables ruines, le frappaient d'admiration. « Sans le fer, disait-il, sans l'art des mécaniques, la main de l'homme a opéré tous ces prodiges !

Elle a roulé tous ces rochers énormes ; elle en a formé ces murailles dont la structure m'épouvante, dont la solidité ne cédera jamais qu'aux lentes secousses du temps et à l'écroulement du globe. On peut donc suppléer à tout par le travail et la constance ! »

Mais il voyait avec effroi cet amas incroyable d'or, qui, dans le temple et les palais, tenait lieu du fer, du bois et de l'argile, et sous mille formes diverses éblouissait partout les yeux. « Ah ! disait-il en soupirant, si jamais l'avarice européenne vient à découvrir ces richesses, avec quelle avide fureur elle va les dévorer ! »

Le culte du Soleil avait à Cusco une majesté sans égale. La magnificence du temple, la splendeur de la cour, l'affluence des peuples, l'ordre des prêtres du Soleil, et le chœur des vierges choisies plus nombreux et plus imposant, donnaient, dans cette ville, à la pompe du culte un caractère si auguste, qu'Alonzo même en fut pénétré de respect.

Il y avait dans toutes les fêtes des rites, des jeux, des festins, des sacrifices usités.

On observait l'instant où le flambeau du jour étant sur son déclin, les colonnes mystérieuses formaient vers l'orient une ombre égale à elles-mêmes ; et alors l'inca, prosterné devant le Soleil son père :
« Dieu bienfaisant, lui disait-il, tu vas t'éloigner de nous et rendre la vie et la joie aux peuples d'un autre hémisphère, que l'hiver, enfant de la nuit, afflige loin de toi ; nous n'en murmurons pas. Tu ne

serais pas juste si tu n'aimais que nous, et si, pour tes enfants, tu oubliais le reste du monde. Suis ton penchant; mais laisse-nous, comme un gage de ta bonté, une émanation de toi-même; et que le feu de tes rayons, nourri sur tes autels, répandu chez ton peuple, le console de ton absence et l'assure de ton retour. »

Il dit, et présente au Soleil la surface creuse et polie d'un cristal enchâssé dans l'or : artifice mystérieux qu'on avait grand soin de cacher au peuple, et qui n'était connu que des incas. Les rayons croisés en un point tombent sur un bûcher de cèdres et d'aloès, qui tout à coup s'enflamme et répand dans les airs le plus délicieux parfum.

C'était ainsi que le sage Manco avait fait attester aux Indiens, par le Soleil lui-même, qu'il l'envoyait pour leur donner des lois. « O Soleil, lui dit-il, si je suis né de toi, que tes rayons, du haut des cieux, allument ce bûcher que ma main te consacre ; » et le bûcher fut allumé.

La multitude, en voyant ce prodige se renouveler tous les ans, fait éclater les transports de sa joie ; chacun s'empresse de recueillir une parcelle du feu céleste; le monarque le distribue à la famille des incas; ceux-ci le font passer au peuple ; et les prêtres veillent au soin de l'entretenir sur l'autel.

Au milieu des chants et des danses qui précédaient les sacrifices, un prodige parut en l'air, et attira tous les yeux. On vit un aigle assailli et déchiré par des milans qui, tour à tour, fondaient sur lui d'un vol rapide. L'aigle, après s'être débattu sous leurs griffes tranchantes, tombe, épuisé de sang, au pied du trône de l'inca et au milieu de sa famille. Le roi, comme le peuple, en fut d'abord saisi d'étonnement et de frayeur; mais, avec cette fermeté qui ne l'abandonnait jamais : « Pontife, dit-il, immolez sur l'autel du Soleil mon père cet oiseau, l'image frappante de l'ennemi qui nous menace, et qui vient tomber sous nos coups. »

Le pontife invita le prince à venir dans le sanctuaire « Je vous suis, lui dit Huascar; mais cachez la frayeur qui se peint sur votre visage. Le vulgaire n'a pas besoin qu'on l'avertisse de trembler.

— Regardez, lui dit le pontife avant que d'entrer dans le temple, ces trois cercles empreints sur le front pâlissant de l'épouse du Soleil. » La lune se levait alors sur l'horizon, et l'inca vit distinctement trois cercles marqués sur son disque, l'un couleur de sang, l'autre noir, l'autre nébuleux et semblable à une trace de fumée.

« Prince, lui dit le prêtre, ne nous déguisons pas la vérité de ces présages. Ce cercle de sang est la guerre : le cercle noir annonce le revers; ce trait de fumée, plus effrayant encore, est le présage de la ruine.

— Le Soleil, lui dit le monarque, vous a-t-il révélé ce malheureux avenir?

— Je l'entrevois, dit le pontife; le Soleil ne m'a point parlé.

— Laissez-moi donc, reprit l'inca, le dernier

bien qui reste à l'homme, l'espérance qui l'encourage et le soutient dans ses malheurs. Tout ce qui peut n'être qu'un jeu, qu'un accident de la nature, ne se doit jamais expliquer comme un signe prodigieux, à moins qu'il ne soit à propos d'en intimider le vulgaire. Ce n'est pas ici le moment. »

Huascar, loin de laisser paraître le trouble élevé dans son âme, se montra aux yeux d'Alonzo plus ferme et plus résolu que jamais. Il le mena le lendemain dans ses jardins éblouissants, où l'on voyait, imités en or et avec assez d'industrie, les plantes, les fleurs et les fruits qui naissent dans ces climats. Ce qui eût été parmi nous un exemple inouï de luxe, n'annonçait là que l'abondance et l'inutilité de l'or.

De ces jardins, où l'art s'était joué à copier la nature, l'inca fit passer Alonzo dans ceux où la nature même étalait ses propres richesses. Ils occupaient un vallon charmant au bord du fleuve Apurimac. Ces jardins étaient l'abrégé des campagnes du Nouveau-Monde. Des touffes d'arbres majestueux, associant leurs ombres, mariant leurs rameaux, formaient, par la variété de leur bois et de leur feuillage, un mélange rare et frappant. Plus loin, des bosquets composés d'arbustes couronnés de fleurs attiraient et charmaient la vue. Là, des prairies odorantes répandaient les plus doux parfums. Ici, les arbres d'un verger, ployant sous le poids de leurs fruits, étendaient et ployaient leurs branches au-devant de la main dont ils sollicitaient le choix. Là, des plantes d'une vertu ou d'une saveur précieuse semblaient présenter à l'envi des secours à la maladie et des plaisirs à la santé.

Alonzo parcourait ces jardins enchantés d'un œil triste et compatissant. « Ces beaux lieux, disait-il, ces asiles sacrés de la paix et de la sagesse seront-ils violés par nos brigands d'Europe? et sous la hache impie les verrai-je tomber, ces arbres dont l'antique ombrage a couvert la tête des rois! »

Non loin de Cusco est un lac que le peuple indien révère; car ce fut, dit-on, sur ses bords que Manco descendit avec Oello, sa compagne; et au milieu du lac est une île riante où les incas ont élevé un superbe temple au Soleil. Cette île est un lieu de délices, et sa fertilité semble tenir de l'enchantement. Ni les prairies de Chita, où l'on voyait bondir les troupeaux du Soleil; ni les champs de Colcampara, dont la moisson lui était consacrée; ni la vallée de Yioucaï, qu'on appelait jardin de l'empire, n'égalaient cette île en beauté. Là, mûrissaient les fruits les plus délicieux; là, se recueillait le maïs dont la main des vierges choisies faisait le pain des sacrifices.

Le roi voulut aussi lui-même y conduire Alonzo. Le jeune Castillan ne pouvait se lasser d'y admirer à chaque pas les prodiges de la culture.

Alonzo témoigna le désir de voir les sources de cet or dont l'abondance l'étonnait, et l'inca voulut bien lui-même l'accompagner sur l'Abitalis, la plus riche des mines que l'on connût encore. Un peuple nombreux, répandu sur la croupe de la montagne, y travaillait à tirer l'or des veines du rocher, mais avec indolence. Alonzo s'aperçut qu'à peine on daignait effleurer la terre, et qu'on abandonnait les veines les plus riches, dès qu'il fallait s'ensevelir pour les suivre dans leurs rameaux. « Ah! dit-il, que les Castillans pousseront ces travaux avec bien plus d'ardeur! Peuple timide et faible, ils te feront pénétrer dans les entrailles de la terre, en déchirer les flancs, en sonder les abimes, t'y creuser un vaste tombeau! Encore n'assouviras-tu point leur impitoyable avarice. Tes maîtres opulents, paresseux et superbes, deviendront tributaires des talents et des arts de leurs laborieux voisins; ils verseront dans l'Europe les trésors de l'Amérique, et ce sera comme le bitume jeté dans la fournaise ardente : la cupidité, irritée par la richesse et par le luxe, s'étonnera de voir ses besoins renaissants ramener toujours l'indigence. L'or, en s'accumulant, s'avilira bientôt lui-même; le prix du travail, en croissant, suivra le progrès des richesses; leur stérile abondance, dans des mains plus avides, fera moins que leur rareté. Et toi, malheureux peuple! et ta postérité, vous aurez péri dans ces mines épuisées par vos travaux, sans avoir enrichi l'Europe. Hélas! peut-être même aurez-vous accru la misère avec les besoins, et les malheurs avec les crimes! »

Alonzo, de retour à la ville du Soleil, y reçut la réponse d'Ataliba; elle était conçue en ces termes :

« Si le roi de Cusco a oublié la volonté de son père, celui de Quito s'en souvient. Il désire d'être l'ami et l'allié de son frère, mais il ne sera jamais au nombre de ses vassaux. »

Le jeune ambassadeur, qui voyait le moment où la guerre allait s'allumer, voulut préparer Huascar au refus de l'inca son frère, et l'ayant attiré au temple où étaient les tombeaux des rois : « Explique-moi, lui dit-il, inca, par quel privilége ton père est le seul entre tous ces rois qui regarde en face l'image du Soleil.

— C'est comme son enfant chéri, lui répondit l'inca, qu'il a seul cette gloire !

— Son enfant chéri ! N'est-ce pas la complaisance et le mensonge qui l'ont décoré de ce titre ?

— Tout son peuple le lui a donné, et tout un peuple n'est point flatteur.

— Crois-moi, fais cesser, dit Alonzo, cette injuste distinction : tu sais bien qu'il n'en est pas digne.

— Étranger, dit l'inca, respecte et ma présence et sa mémoire.

— Comment veux-tu, dit Alonzo, que je respecte un roi que son fils va demain déclarer insensé, parjure et sacrilége ? N'a-t-il pas couronné ton frère ? n'a-t-il pas violé les lois ? Celui dont les derniers soupirs ont allumé les feux de la guerre civile entre les enfants du Soleil, a-t-il mérité d'avoir place dans le temple du Soleil et de le regarder en face ? Ou tu es injuste, ou il le fut ; la guerre est ton crime ou le sien. Choisis ; car le roi de Quito est résolu de s'en tenir à la volonté de son père. »

Un coursier fougueux et superbe n'est pas plus étonné du frein qu'un maître habile et courageux lui a mis pour la première fois, que ne le fut le fier inca de l'intérêt puissant qu'opposait Alonzo à sa colère impétueuse. « Tu as donc reçu, dit-il au jeune Castillan, la réponse de ce rebelle?

— Oui, dit Alonzo, et, grâce au Ciel, il est digne par sa constance d'être ton ami et le mien. Je le désavouerais si, légitime roi, il se fût rendu tributaire. »

Huascar, plein de colère, rentra dans son palais. Le ressentiment, la vengeance furent les premiers mouvements qui s'élevèrent dans son cœur. Mais, en y cédant, il fallait déshonorer son père, outrager sa mémoire; c'était, dans les mœurs des incas, le comble de l'impiété. La nature se soulevait à cette effroyable pensée; et l'âme d'Huascar, tour à tour emportée par deux sentiments opposés, ne savait, dans le trouble où elle était plongée, auquel des deux s'abandonner.

Ce fut dans ce combat pénible que sa mère Ocello le trouva livré à lui-même.

Rivale de Zulma, rivale abandonnée, elle gardait au fils la haine qu'elle avait eue pour la mère. Le nom d'Ataliba lui était odieux. L'amour jaloux a beau s'affaiblir avec l'âge, même en mourant, il laisse son venin dans la plaie : on cesse d'aimer l'infidèle, on ne cesse point de haïr l'objet de l'infidélité. C'est avec cette haine pour le sang de Zulma que la plus fière des Pallas s'efforça d'animer son fils à la vengeance.

L'inca voulut insister sur les maux qu'entraînait la guerre civile. «Non, non, dit-elle, allez souscrire à cette paix déshonorante que l'usurpateur vous impose, et s'il le faut, pour le fléchir, mettez votre sceptre à ses pieds. O malheureux enfant! s'écria-t-elle enfin en embrassant le jeune prince Xaïra, fils d'Huascar, qu'elle tenait par la main, que je te plains! et qui m'eût dit qu'un jour tu aurais à rougir de ton père! » A ces mots elle s'éloigna.

L'inca, mortellement blessé de ce reproche, sortit, et fit dire à l'instant à l'ambassadeur de Quito que la guerre était déclarée, et qu'il se hâtât de partir. Alonzo lui fit demander qu'il voulût bien le voir encore; mais ses instances furent vaines, et le soir même il fut remmené au delà de l'Abancai.

Ataliba fut consterné quand il apprit le mauvais succès de l'entremise d'Alonzo. Il s'enferma seul avec lui, et, après l'avoir entendu : « Roi superbe! s'écria-t-il, rien ne peut donc te fléchir? tu veux ou ma honte ou ma perte! Le Ciel est plus juste que toi, et il punira ton orgueil. » A ces mots, se précipitant dans les bras du jeune Espagnol : « O mon ami! dit-il, que de sang tu vas voir répandre! Nos peuples égorgés l'un par l'autre!... Il l'aura voulu, il sera satisfait; mais la peine suivra le crime.

— Dispose de moi, lui dit Alonzo; avec la même ardeur que j'implorais la paix, laisse-moi repousser la guerre ; et, quel que soit le sort des armes, permets à ton ami de vaincre ou de mourir à tes côtés.

— Non, dit le prince en l'embrassant, je ne veux point t'associer aux forfaits d'une guerre impie. Garde-moi ta valeur pour des périls dignes de toi. Tu n'es pas fait, sensible et vertueux jeune homme, pour commander des parricides ; c'est bien assez que j'y sois condamné. Toi seul et quelques vrais amis à qui j'ai confié mes peines, vous lisez au fond de mon cœur ; le reste du monde, en voyant la discorde armer les deux frères, confondra l'innocent avec le criminel. Laisse-moi ma honte à moi seul, et ménage tes jours pour ne partager que ma gloire. »

Orozimbo et ses Mexicains, Capana et ses sauvages voulaient aussi s'armer pour sa défense, mais il les refusa de même, et il ne leur permit, comme au jeune Espagnol, que de l'accompagner jusqu'aux champs d'Alausi, sur les confins des deux royaumes.

Cependant, à l'un des sommets du mont Illinissa, l'inca de Quito fit arborer l'étendard de la guerre ; et ses peuples, à ce signal, se mirent tous en mouvement.

Dès le jour suivant, Ataliba, voulant prévenir son frère avant qu'il ait pu rassembler ses forces, s'avance par les champs d'Alausi vers les murs de Cannare, ville célèbre encore par sa magnificence et par ses trésors enfouis. Les incas, en la décorant de murs, de palais et de temples, en avaient fait une forteresse pour dominer sur les Chancas.

A l'approche d'Ataliba, ces peuples, surpris et sans défense, lui firent demander pourquoi, les armes à la main, il pénétrait dans leur pays. « Je vais, leur répondit l'inca, supplier le roi de Cusco de m'accorder son alliance, et lui jurer, s'il y consent, sur le tombeau de notre père, une inviolable amitié. »

Rien ne ressemblait moins à un roi suppliant que ce prince à la tête d'une puissante armée; mais on fit semblant de le croire, et, trompé par les apparences, il allait passer plus avant lorsqu'il vit entrer dans sa tente l'un des caciques du pays. Ce cacique, qu'avait blessé l'orgueil de l'inca de Cusco, salue Ataliba et lui tient ce langage : « Tu crois passer en sûreté chez un peuple à qui tu défends qu'on fasse injure et violence ; apprends que dans un conseil où je viens d'assister, on a conspiré contre toi. Je t'aime, parce qu'on m'assure que tu es affable et bon; et je hais ton rival, parce qu'il est dur et superbe. Il m'a humilié; je suis fils du lion, je ne veux pas qu'on m'humilie. »

Ataliba rendit grâces au cacique, et consulta ses lieutenants sur l'avis qu'il avait reçu. Ses lieutenants étaient Palmore et Corambé, tous deux nourris dans les combats sous les drapeaux du roi son père, et révérés des troupes qu'ils avaient aguerries dans la conquête de Quito; et, sur leur avis, il laissa trois mille hommes, avec les Mexicains et Alonzo, dans la forteresse de Cannare, qui devait être pour son armée un point d'appui et de ralliement au besoin.

Cependant le roi de Cusco se hâtait d'assembler ses troupes; et tous les peuples d'alentour quittaient leurs champs, volaient aux armes et se rendaient auprès de lui.

Ces nations à peine étaient rendues sous les murailles de Cusco, lorsqu'on apprit que le roi de Quito s'avançait vers Tumibamba. Huascar voulait aller l'attendre au passage du fleuve qui baigne ses campagnes; mais la fortune le servit mieux que la prudence et le conseil.

Ataliba avait passé le fleuve, et sur la colline opposée il voulait établir son camp. Le jour penchait vers son déclin; l'armée de Quito avait fait une longue marche, et le soldat, excédé de fatigue, n'eût demandé que le repos; mais, ranimé par la voix de l'inca, il montait la colline avec sécurité. Tout à coup, sur la cime, se présente en colonne l'armée du roi de Cusco. A la vue de l'ennemi, elle se déploie; à l'instant le signal du combat se donne. L'avantage du lieu, du nombre, sur des troupes déjà vaincues par l'épuisement de leurs forces, rendit leur courage inutile. Ceux de Quito, vingt fois ralliés et rompus, ne durent leur salut qu'aux ombres de la nuit, qui favorisa leur retraite. Il fallut repasser le fleuve, et le roi, qui voulut en personne protéger ce passage, s'étant laissé envelopper, fut pris et enlevé par l'ennemi.

Huascar dédaigna de le voir. « Il aura le sort d'un rebelle, dit-il ; qu'on le garde avec soin dans le fort de Tumibamba. »

Ce désastre porta la désolation dans l'armée du roi captif. Tout le camp était en tumulte. Le fils d'Ataliba y courait éperdu, et criait à ses peuples en leur tendant les bras : « Mes amis, rendez-moi mon père ! » Sa douleur, son égarement redoublaient encore la tristesse dont les esprits étaient frappés.

Palmore, affligé, mais tranquille, va au-devant de Zoraï ; et, le ramenant dans sa tente, lui dit : « Prince, modérez-vous ; rien n'est désespéré. Vos peuples sont fidèles ; votre père est vivant, il vous sera rendu.

— Vous me flattez, dit le jeune homme tremblant de frayeur et de joie.

— Je ne vous flatte point ; il vous sera rendu, dit le vieillard. Allez, et donnez à vos peuples l'exemple de la fermeté. »

La nuit vint ; un silence morne, répandu dans toute l'armée, marquait la consternation. Palmore seul, enfermé dans sa tente, veillant et méditant, se disait à lui-même : « Que ferai-je ? Si par la force je tente de délivrer mon roi, je connais bien son ennemi, il le fera périr plutôt que de le rendre ; et si je laisse voir de l'irrésolution, de la faiblesse et de la crainte, le découragement s'empare de l'armée : elle va tout abandonner. »

Comme il était plongé dans ces tristes pensées,

8 *

un vieux soldat se présente à lui : « Me reconnais-tu? lui dit-il ; j'ai combattu sous tes enseignes dans la conquête de Quito, tu vois encore mes cicatrices. Quand le cacique de Tacmar fut vaincu, pris et enfermé dans le fort de Tumibamba, je fus l'un de ses gardes. On vint pour l'enlever ; et, par une longue caverne, on allait percer sa prison. L'entreprise fut découverte ; et Tacmar, réduite à se rendre, obtint que son cacique fût mis en liberté. La paix fit oublier la guerre, et l'on négligea de combler le chemin creusé sous le fort : seulement d'épais mangliers en dérobent l'entrée ; mais elle m'est connue ; et si la prison de l'inca est, comme je le crois, la prison du cacique, je ne veux que dix hommes d'un courage éprouvé pour le délivrer cette nuit. »

Palmore applaudit à son zèle, lui dit de se choisir lui-même des compagnons dignes de lui, et, dans le plus profond silence, il les voit s'éloigner du camp ; mais il passe la nuit dans les plus cruelles alarmes. Il craint, il espère, il médite l'incertitude, l'apparence, le danger de l'événement. Il y va de la liberté et de la vie de son roi. Il l'aura sauvé ou perdu, ce moment fatal en décide.

Cependant le roi de Quito gémit sous le poids de ses chaînes, plus tourmenté par la pensée de ses peuples et de son fils, que par le sentiment de son propre malheur.

Tout à coup, au milieu de ses réflexions où son âme était abîmée, il entend un bruit souterrain. Il écoute, ce bruit approche. Il sent frémir la terre sous ses pas. Il recule, il la voit s'écrouler. A l'instant, s'élève comme d'un tombeau un homme qui, sans lui parler, lui fait le geste du silence, et, l'ayant saisi par la main, l'entraine dans l'abîme qui vient de s'ouvrir devant lui. Ataliba, sans résistance, se livre à son guide, il le suit, et, à l'issue de la caverne, il se voit entouré de soldats qui lui disent : « Venez, prince, vous êtes libre ; venez, vos peuples vous attendent, rendez-leur la vie et l'espoir.

— Je suis libre, et par vous ! O mes libérateurs, leur dit-il en les embrassant, que ne vous dois-je pas? serai je assez puissant pour vous récompenser jamais? Achevez. Il s'agit de frapper les esprits par l'appareil d'un prodige. Cachez-leur que c'est vous qui m'avez délivré. » Ils lui promettent le silence, et, à la faveur de la nuit, Ataliba passe le fleuve, arrive dans son camp, et pénètre sans bruit jusqu'à la tente de Palmore.

Le vieillard, qu'avait épuisé le tourment de l'inquiétude, en revoyant son maître, se jette à ses genoux. L'inca le relève et l'embrasse. « Soldats, que l'un de vous, sans bruit, coure annoncer au prince le retour de son père, » dit Palmore ; et, l'instant d'après, arrive, dans l'égarement de la surprise et de la joie, ce fils si tendre et si chéri. Les transports mutuels du jeune inca et de son père furent interrompus, au réveil de l'armée, par les cris d'une multitude empressée à revoir son roi. Il parut, les cris redoublèrent : « Le voilà ! c'est lui, c'est lui-même ! Il est libre, il nous est rendu.

— Oui, peuple, dit Ataliba, le Soleil mon père a trompé la vigilance de mes ennemis ; il m'a fait échapper des murs qui m'enfermaient : ma délivrance est son ouvrage. »

A ce récit, la multitude ajoute (car elle aime à exagérer l'objet de son étonnement), elle ajoute qu'Ataliba, pour s'échapper de sa prison, a été changé en serpent. Ce bruit vole de bouche en bouche. On le croit et on le publie comme un signe éclatant de la faveur du Ciel.

« Palmore, dit le roi, voilà bien le moment de surprendre mes ennemis et de réparer ma disgrâce.

— Non, prince, non, lui dit Palmore, vous ne vous exposerez plus. C'est assez des frayeurs que cette nuit nous a causées. Allez vous joindre à ceux qui défendent Cannare, et me renvoyez Corambé. » Le roi céda à ses instances, et il fit appeler son fils.

« Prince, lui dit-il, je vous laisse sous la conduite de mes amis et sous la garde de mes peuples. Souvenez-vous de vos aïeux : ils portèrent dans les combats une sage intrépidité. Imitez leur prudence, ou plutôt consultez celle des chefs qui vous commandent. Une sage docilité pour les conseils de ceux que les ans ont instruits est la prudence de votre âge. Mes amis, dit-il à Palmore et aux guerriers qui l'entouraient, je vous le confie, et sur lui je vous donne les droits d'un père. Adieu, mon fils, reviens digne de toute ma tendresse. » A ces mots, pressant dans ses bras ce jeune homme dont la beauté, noble avec modestie et fière avec douceur, était l'image de la vertu dans l'ingénue adolescence, le roi laissa échapper quelques larmes ; et fixant sur Palmore et sur les caciques un regard qui leur exprimait toute l'émotion de son cœur paternel, il leur remit son fils et détourna les yeux.

CHAPITRE X.

Révolte à Cannare. — Le roi de Cusco est vaincu. — Le fils du roi de Quito est tué dans la bataille. — Funérailles du jeune inca.

Tandis qu'Ataliba, pour retourner à Cannare, traversait les champs de Loxa, la révolte des Cannarins venait d'éclater. Tout un peuple environnait la citadelle et menaçait de couper les canaux des fontaines qui l'abreuvaient. L'extrémité était pressante. Pour forcer ce peuple aguerri à lever le siége, il fallait sortir des murs et l'attaquer, au risque d'être enveloppé et d'être accablé sous le nombre.

Alors parut le plus étonnant des phénomènes de la nature. L'astre adoré dans ces climats s'obscurcit tout à coup au milieu d'un ciel sans nuage. Une nuit soudaine et profonde investit la terre. L'ombre ne venait point de l'orient ; elle tomba du haut des cieux et enveloppa l'horizon. Un froid humide a saisi l'atmosphère. Les animaux, subitement privés de la chaleur qui les anime, de la lumière qui les conduit, dans une immobilité morne, semblent se demander la cause de cette nuit inopinée. Leur instinct, qui compte les heures, leur dit que ce n'est pas encore celle de leur repos. Dans les bois, ils s'appellent d'une voix frémissante, étonnés de ne pas se voir; dans les vallons, ils se rassemblent et se pressent en frissonnant. Les oiseaux qui, sur la foi du jour, ont pris leur essor dans les airs, surpris par les ténèbres, ne savent où voler.

La tourterelle se précipite au-devant du vautour, qui s'épouvante à sa rencontre. Tout ce qui respire est saisi d'effroi. Les végétaux eux-mêmes se ressentent de cette crise universelle. On dirait que l'âme du monde va se dissiper ou s'éteindre; et dans ses rameaux infinis le fleuve immense de la vie semble avoir ralenti son cours.

Et l'homme !... ah ! c'est pour lui que la réflexion ajoute aux frayeurs de l'instinct le trouble et les perplexités d'une prévoyance impuissante. Aveugle et curieux, il se fait des fantômes de tout ce qu'il ne conçoit pas, et se remplit de noirs présages, aimant mieux craindre qu'ignorer. Heureux, dans ce moment, les peuples à qui des sages ont révélé les mystères de la nature ! Ils ont vu sans inquiétude l'astre du jour, à son midi, dérober sa lumière au monde; sans inquiétude, ils attendent l'instant marqué où notre globe sortira de l'obscurité. Mais comment exprimer la terreur et l'épouvante dont ce phénomène a frappé les adorateurs du Soleil? Dans une pleine sérénité, au moment où leur dieu, dans toute sa splendeur, s'élève au plus haut de sa sphère, il s'évanouit! et la cause de ce prodige, et sa durée, ils l'ignorent profondément. La ville de Quito, la ville du Soleil, Cusco, les camps des deux incas, tout gémit, tout est consterné.

A Cannare, une horreur subite avait glacé tous les esprits. Les assiégés, les assiégeants avaient le front dans la poussière. Alonzo, tranquille au milieu de ces Indiens éperdus, observait avec un étonnement mêlé de compassion ce que peuvent sur l'homme l'ignorance et la peur. Il voyait pâlir et trembler les guerriers les plus intrépides. « Amis, dit-il, écoutez-moi. Le temps presse; il est important que votre erreur soit dissipée. Ce qui se passe dans le ciel n'est point un prodige funeste. Rien de plus naturel; vous l'allez concevoir, vous allez cesser de le craindre. » Les Indiens, que ce langage commence à rassurer, prêtent une oreille attentive, et Alonzo poursuit. « Lorsqu'à l'ombre d'une montagne vous ne voyez point le soleil, sans vous effrayer, vous dites: La montagne me le dérobe; ce n'est pas lui, c'est moi qui suis dans l'ombre; il est le même dans le ciel. Eh bien! au lieu d'une montagne, c'est un globe épais et solide, un monde semblable à la terre, qui, dans ce moment, passe au-dessous du soleil. Mais ce monde, qui suit sa route dans l'espace, va s'éloigner; et le soleil va reparaître plus beau, plus brillant que jamais. N'ayez donc plus de peur d'une ombre passagère, et profitez de l'épouvante dont vos ennemis sont frappés. »

Le caractère de l'erreur chez les peuples du Nouveau-Monde est de n'avoir point de racines. Elle tient si peu aux esprits, que le premier souffle de la vérité l'en détache. Ils l'ont prise sans examen, ils l'abandonnent sans résistance. Alonzo, par le seul moyen d'une image claire et sensible, a détrompé tous les esprits et ranimé tous les cœurs. On vit, en effet, le soleil qui, comme un cercle brillant au bord de l'ombre, commençait à se dégager. « Quoi ! ce n'est donc ni défaillance ni colère dans notre dieu ? » s'écrièrent-ils. A ces mots, Corambé achevant de dissiper leur crainte : « Soldats, dit-il, j'ai déjà vu arriver ce qu'il nous annonce. Il est plus éclairé que nous. Hâtez-vous donc, prenez vos armes, sortons, et chassons ces rebelles que la frayeur a déjà vaincus. »

Aux cris des assiégés, qui, dès le crépuscule du jour renaissant, s'élançaient hors des murs de la citadelle, les Cannarins s'abandonnèrent à une terreur insensée. On fit main basse sur leur camp ; un instant les mit en déroute, et le soleil, en éclairant ces campagnes, les vit jonchées de mourants et de morts.

Alonzo, dans cette sortie, n'avait point quitté Capana ; et, à la tête des sauvages, ils achevaient de dissiper les bataillons qu'ils avaient rompus, lorsqu'ils virent de loin un autre combat s'engager.

« Voilà, je crois, dit Alonzo, une troupe de nos amis sur qui les Cannarins se vengent. Volons à leur secours. » Ils traversent la plaine avec la rapidité d'un vent orageux, et un tourbillon de poussière marque la trace de leurs pas. Ils arrivent. C'était le roi, c'était l'inca lui-même, qu'une vaillante escorte environnait et défendait contre une foule d'ennemis.

Au bandeau qui lui ceint la tête, à l'éclat de son bouclier, et plus encore à son courage, Alonzo reconnaît le roi de Quito. L'éclair fend le nuage avec moins de vitesse que le glaive du Castillan n'entr'ouvre l'épais bataillon qui presse Ataliba. Celui-ci voit Alonzo et croit voir la victoire; il ne se trompait pas. Leurs efforts réunis enfoncent, repoussent, renversent tout ce qui s'oppose à leurs coups.

Dès que les Cannarins, dispersés devant eux, ont pris la fuite, Ataliba, se jetant dans les bras d'Alonzo : « Qu'il m'est doux, lui dit-il, ô mon ami, de te devoir ma délivrance ! Mais je suis blessé. Je te laisse le soin de rallier mes troupes. Fais grâce aux vaincus désarmés. » A ces mots, pâle et chancelant, il se fit porter dans le fort.

Sa blessure était douloureuse, mais elle ne fut pas mortelle. La gomme du mulli, ce baume précieux dont la nature a fait présent à ces climats, comme pour expier le crime d'y avoir fait germer l'or; ce baume, versé dans la plaie, en fut la guérison, et rendit ce malheureux prince à la vie et à la douleur.

Corambé porta dans le camp la nouvelle de la

victoire de l'inca sur les Cannarins. Mais Palmore voulut attendre qu'elle fût répandue dans le camp ennemi et qu'elle y eût jeté l'alarme. Alors il s'y rendit lui-même; et parlant au roi de Cusco: « L'inca ton frère, lui dit-il, t'a demandé la paix, et tu lui as déclaré la guerre. Il est venu au-devant de la guerre, et il demande encore la paix. Un moment d'imprudence qui t'a donné sur nous l'avantage d'une surprise, ne nous a point découragés et ne doit point t'enorgueillir. Nous souhaitons la paix uniquement par amour de la paix, et par la juste horreur que nous fait la guerre civile. Inca, pèse bien ta réponse. Nos lances sont baissées, nos arcs sont détendus, la flèche de la mort repose dans le carquois; songe, avant qu'elle soit tirée, aux malheurs qu'un mot de ta bouche peut prévenir ou peut causer. C'est ici surtout que la parole est meurtrière, et que la langue d'un roi est un dard à cent mille pointes. Tu réponds au Soleil ton père du sang de ses enfants et de celui de tes sujets. L'égalité, l'indépendance, mais la concorde et l'union, voilà ce que le roi ton frère me charge de t'offrir et de te demander. »

Le monarque lui dit que les incas ses aïeux n'avaient jamais reçu la loi. Palmore, en gémissant, lui dit: « Eh bien! tu le veux... A demain. » Et il retourna dans son camp.

L'aube du jour vit les deux armées se déployer dans la campagne. C'était la première fois, depuis onze règnes, qu'on voyait arborer dans deux camps l'étendard de Manco. C'est le gage de la victoire ; et le centre où il est placé est le point le plus important de l'attaque et de la défense.

Loin de ce centre périlleux, et sur une éminence, du côté de Cusco, étincelle aux rayons du jour le trône d'Huascar porté par vingt caciques, et ombragé d'un pavillon de mille plumes de couleur. Huascar, du haut de ce trône, domine sur la campagne, et semble présider au sort du combat qui va se donner.

Les deux armées, d'un pas égal, marchent l'une à l'autre, et soudain le cri de guerre de ces peuples, ce mot formidable, *Illapa*, répété par cent mille voix, fait retentir les bois et les montagnes. A ce cri redoublé se joint le sifflement des flèches qui vont se tremper dans le sang.

Mais bientôt les carquois s'épuisent, et la flèche, dès ce moment, fait place au javelot, qui, lancé de plus près, porte des coups plus assurés. Bientôt on voit les bataillons flottants s'éclaircir et se resserrer pour cacher leurs vides. La douleur étouffe ses cris, la mort est farouche et muette ; et pour ne pas donner à l'ennemi la joie d'entendre de honteuses plaintes, l'Indien renferme en lui-même jusqu'à ses derniers soupirs.

Au javelot succèdent la hache et la massue, armes terribles chez des peuples à qui le fer et le salpêtre, ces présents des furies, sont encore inconnus. Jusque-là une égale intrépidité avait rendu le combat douteux ; la victoire, incertaine entre les deux armées, planant sur le champ de bataille, trempait des deux côtés ses ailes dans le sang. Mais le moment de la mêlée fit voir quel avantage avaient des peuples aguerris sur des peuples longtemps paisibles. Ce que l'armée de Cusco avait de plus vaillant défendait la colline; le reste, composé de pasteurs amollis dans une douce oisiveté, avait l'avantage du nombre, qui ne peut balancer longtemps celui de la valeur. De nouveaux bataillons se présentaient en foule à la place de ceux qui, rompus et défaits, tournaient le dos à l'ennemi ; mais ils succombaient à leur tour.

Pas à pas ceux de Quito s'avancent et menacent d'envelopper le corps qui défend l'étendard. Le roi de Cusco voit de loin fléchir le centre de son armée ; il détache de la colline l'élite des peuples guerriers qui gardaient sa personne : c'est ce qu'attendait Corambé ; et tandis que ce corps détaché vole au centre, lui-même, avec des bataillons qu'il a choisis et réservés, il marche droit à la colline, enfonce l'enceinte affaiblie du trône de l'inca, s'ouvre par le carnage un chemin sanglant jusqu'à lui, le fait prendre vivant, le fait charger de liens, et l'entraîne.

Aussitôt mille cris funestes avertissent de ce malheur ; le bruit s'en répand dans l'armée et y porte le désespoir. Tout s'épouvante et se disperse ; on ne voit que des peuples désolés, éperdus, jeter leurs armes et s'enfuir. La douleur, le trouble, l'effroi leur interdit même la fuite; ils tombent épars dans la plaine, et, vaincus, ils n'ont plus d'espoir qu'en la clémence des vainqueurs; mais c'est vainement qu'ils l'implorent. Plus de pitié ; l'aveugle rage transporte ceux d'Ataliba. Les deux vieillards qui les commandent ont beau leur crier de cesser, d'épargner le sang, le sang coule et ne peut les rassasier ; jamais ils ne croiront avoir assez vengé la perte qui les rend furieux et barbares. Leur prince, le fils de leur roi, Zoraï ne vit plus. O père infortuné ! que tu vas pleurer ta victoire !

A l'attaque de l'étendard, Zoraï s'avançait à la tête des siens, qu'il animait par son exemple. A sa jeunesse, à sa beauté, au feu de son courage, tous les cœurs se sentaient émus. L'ennemi, le voyant s'exposer à ses coups, l'admirait, le plaignait, oubliait de le craindre, et aucun n'osait le frapper. Un seul, et ce fut l'un des féroces Antis, au moment où le jeune prince, au fort de la mêlée, venait de saisir l'étendard, lui lance une flèche homicide. Le caillou dont elle est armée lui perce le sein. Il chancelle; ses Indiens s'empressent de le soutenir, mais, hélas ! inutilement. Le feu de ses regards s'éteint, l'éclat de sa beauté s'efface, le frisson de la mort commence à se répandre dans ses veines. Tel, sur le bord d'une forêt, un jeune cèdre, déraciné par un coup de vent furieux, ne fait que se pencher sur les cèdres voisins, qui le soutiennent dans sa chute. On le croirait encore vivant; mais la langueur de ses rameaux et la pâleur de son feuillage annoncent qu'il est détaché de la terre qui l'a nourri. Tel, appuyé sur ses soldats, parut le jeune inca mortellement blessé. « O mon père! dit-il d'une voix défaillante, oh! quelle sera ta douleur! Amis, achevez. Que mon sang lui ait au moins acquis la victoire. Vous envelopperez mon corps dans ce drapeau qui m'a coûté la vie, pour dérober aux yeux d'un père une image trop affligeante, et pour le consoler, en l'assurant que je suis mort digne de lui. »

Le cri de la douleur, le cri de la vengeance retentit autour du jeune prince. « Non, dit-il, c'est assez de vaincre, je ne veux point être vengé : je suis inca et je pardonne. » On l'emporte loin du combat, dont la fureur se renouvelle; et peu d'instants après, soulevant sa paupière vers les montagnes de Quito, il prononce encore une fois le nom, le tendre nom de père, et il rend le dernier soupir. C'est en ce moment même que des cris lamentables annoncent à ceux de Cusco que leur roi vient d'être enlevé.

D'un côté l'épouvante, de l'autre côté la fureur, ne présentent dès lors, dans les champs de Tumibamba, que la déroute et le carnage. Cusco fut prise et saccagée; l'aîné des frères de son roi, le vaillant et sage Mango, qui la défendait, vit enfin qu'il fallait périr ou céder; il fit sa retraite en combattant, et se sauva vers les montagnes. A peine la fière Ocello, la belle et touchante Idali, avec cet enfant précieux que sa naissance avait destiné à l'empire, eurent le temps de s'échapper; et les généraux d'Ataliba, après des efforts inouïs pour faire cesser le ravage, rallièrent enfin leurs troupes sur le bord de l'Apurimac.

C'est là que frémissait Huascar sous une garde inexorable. Palmore et Corambé, en entrant dans sa tente, se prosternent selon l'usage, et par des paroles de paix tâchent de l'adoucir. Il soulève à peine sa tête, et d'un œil indigné regardant ses vainqueurs: « Traîtres, dit-il, rompez mes chaînes ou trempez vos mains dans mon sang. C'est insulter à mon malheur que de mêler ainsi le respect à l'outrage. Si je suis roi, rendez-moi libre, et alors vous vous prosternerez. Mais si je ne suis qu'un esclave, que ne me foulez-vous aux pieds? »

A peine il achevait ces mots, que son oreille fut frappée de cris et de gémissements. « Tu n'es pas le seul malheureux, lui dit Palmore, Ataliba vient de perdre son fils.

— Ah! je le verrai donc pleurer! s'écria Huascar avec une joie inhumaine. Puisse le Ciel lui rendre tous les maux qu'il m'a faits! »

Les peuples de Quito, rassemblés dans leur camp, ont demandé à voir le corps du jeune prince, que l'on dérobait à leurs yeux; et ce sont leurs cris de douleur et de rage qu'on vient d'entendre. On les apaise, on les retient, on les engage à repasser le fleuve, et la marche de cette armée victorieuse et conquérante ressemble à la pompe funèbre d'un jeune homme que sa famille, dont il aurait été l'espoir, accompagnerait au tombeau. La consternation, le deuil et le silence environnaient le pavois où le prince était étendu, enveloppé dans cette enseigne, triste et glorieux monument de sa valeur. Après lui, le roi de Cusco, porté sur un siége pareil, jouissait au fond de son cœur de la calamité publique.

Les deux généraux d'Ataliba accompagnaient le lit funèbre, l'œil morne, le front abattu, oubliant qu'ils venaient de conquérir un empire, et ne pensant qu'à la douleur dont ce malheureux père allait être frappé.

Ataliba, guéri de sa blessure, mais faible encore et languissant, avait eu le chagrin d'apprendre que la défaite des Chancas ne l'avait que trop bien vengé. Il gémissait sur sa victoire, roulant dans sa pensée, avec inquiétude, les dangers qu'affrontaient pour lui son fils, ses amis et ses peuples, lorsqu'il s'entendit annoncer l'arrivée de Corambé. Surpris, impatient d'apprendre quel sujet peut le ramener, il ordonne qu'on l'introduise. Corambé paraît devant lui. « Inca, lui dit-il, c'en est fait; l'empire est à toi sans partage; tes ennemis sont tous détruits ou désarmés: Huascar est le seul qui te reste; il est captif, on te l'amène. »

A peine il achevait ces mots, Ataliba, transporté de joie, se lève, l'embrasse, et lui dit:

« Invincible guerrier, j'attendais tout de toi et de celui qui te seconde; mais ce prodige a passé mon attente et les vœux que j'osais former. Achève de mettre le comble au bonheur de ton roi; il est père, il ressent les alarmes d'un père. Où est mon fils?

où l'as-tu laissé? pourquoi n'est-il pas avec toi?

— Ton fils?... il a vu des dangers dont le plus courageux s'étonne.

— Et sans doute il les a bravés? Réponds, ce silence est terrible.

— Que te dirais-je, hélas! pour la première fois il voyait l'horreur des batailles. La nature a des mouvements que l'on ne peut dompter.

— Ciel! qu'entends-je? il a fui, il s'est couvert de honte, il a déshonoré son père!

— Eût-il mieux valu qu'exposé à une mort inévitable, il s'y fût livré?

— Plût au Ciel!

— Eh bien! console-toi, il s'est comblé de gloire, il est mort digne de toi.

— Il est mort!

— Ton armée te l'apporte en pleurant; il en fut l'amour et l'exemple. Jamais, dans un âge si tendre, on n'a montré tant de valeur. »

Ce coup terrible pénétra jusqu'au fond de l'âme d'un père; mais il la soulagea, même en la déchirant. Il tombe accablé de douleur, et alors deux sources de larmes coulent de ses yeux. « Ah! cruel, par quelle épreuve, disait-il, vous avez préparé mon cœur à la constance! vous avez pu calomnier mon fils! et moi j'ai pu vous croire! Ah! cher enfant, pardonne : des larmes éternelles expieront mon erreur. La gloire même de ta mort ne me la rend que plus cruelle. Jour désastreux! combat funeste! ah! c'est ainsi que le Ciel venge le crime d'une

9

guerre impie : les vaincus, les vainqueurs en partagent la peine horrible, et sa colère les confond. »

Il fallut prendre pour ce père affligé le soin de son nouvel empire. Cette riche et vaste conquête, fruit des travaux de onze règnes, et qu'il avait faite en un jour ; Cusco, réduite sous ses lois ; son rival même prisonnier et mis en son pouvoir ; rien ne le touche ; il demande son fils ; le cortége s'avance. Le corps, enveloppé dans l'enseigne fatale, est déposé sous ses yeux. L'inca le regarde en silence ; il fait signe au cortége et à sa cour de s'éloigner. On lui obéit ; et seul au fond de son palais avec l'objet de sa douleur, il s'enferme ; il approche, et d'une main tremblante il soulève le voile ; il découvre ce corps sanglant, il jette un cri et est renversé comme frappé d'un coup mortel. Immobile et glacé lui-même, il est sans couleur et sans voix ; et quand il a repris ses sens et que sa douleur se ranime, il s'y abandonne tout entier. Cent fois il embrasse son fils ; cent fois, collant sa bouche sur ses lèvres éteintes, et de son sein pressant ce cœur qui ne bat plus contre le sien, il demande au Ciel de pouvoir le ranimer en expirant lui-même. Tantôt, contemplant sa blessure, il lave de ses pleurs le sang qui s'en est épanché ; tantôt ses regards immobiles, fixés sur les yeux de son fils, semblent y rechercher la vie. « Ah ! dit-il, si ce corps glacé pouvait revivre ! si ces yeux pouvaient me revoir ! Hélas ! plus d'espérance ! Ils sont fermés, ces yeux ; ils le sont pour jamais ! Ses grâces, sa beauté, ses vertus, rien n'a pu prolonger ses jours ; et d'un fils qui faisait ma gloire et ma félicité, voilà ce qui me reste ! » C'est ainsi qu'oubliant ses prospérités, son triomphe, il s'abîmait dans sa douleur.

Après qu'elle fut épuisée, et que la nature affaiblie fut tombée de cet accès dans un stupide abattement, ce père malheureux se laissa détacher des tristes restes de son fils. Ses amis, et surtout Alonzo, essaient de le consoler. « Ah ! laissez-moi, disait-il, payer à la nature le tribut d'une âme sensible. J'ai bu la coupe du bonheur, j'en ai épuisé les délices ; l'amertume est au fond, je veux m'en abreuver. Mon fils, mon cher fils, m'a donné tant de douces illusions, tant de flatteuses espérances ! La douleur suit la joie ; hélas ! elle sera plus longue. C'est sans retour, c'est pour jamais que la joie a quitté mon cœur. »

On lui parla de sa puissance, du soin de l'affermir, des moyens de la conserver. « Qu'en ferais-je, dit-il, de cette puissance accablante ? Suis-je un dieu pour veiller sur un empire immense, pour être sans cesse et partout présent à ses besoins ? Qu'on m'amène mon frère. Oui, je veux l'apaiser : je veux que, témoin de mes larmes, il en soit touché, qu'il me plaigne et qu'il me trouve encore plus malheureux que lui. »

Huascar, chargé de liens, parut devant Ataliba.

« Vois, lui dit ce père affligé, vois, cruel, ce que tu me coûtes.

— Il te sied bien, répondit le farouche Huascar,

de me reprocher une mort, quand dix mille incas égorgés sont les victimes de ta rage ! Tu pleures, tigre ; tu le dois ; mais est-ce là ce que tu pleures ? Va voir le meurtre qu'on a fait des peuples sujets de tes pères ; Cusco, ses palais et ses temples regorger du sang des vieillards, des femmes et des enfants ; ses murs saccagés, ses campagnes qui ne sont plus que des tombeaux ; et pleure ton fils, si tu l'oses. »

Ces terribles mots étouffèrent dans le cœur d'Ataliba le sentiment de son propre malheur : le roi prit la place du père. Il regarde ses lieutenants et les interroge des yeux. Leur silence même est l'aveu de ce qu'il vient d'entendre. « Il est donc vrai, dit-il, et par une aveugle fureur, on m'a rendu exécrable à la terre ! Cela seul manquait à mes maux. » Alors, renversé sur son trône, et détournant les yeux pour ne pas voir la lumière, il reste dans l'accablement, et ne respire que par de longs sanglots. « Jusqu'à l'instant où ton fils a péri, lui dit Palmore avec tristesse, j'ai pu commander à tes peuples ; mais, du moment qu'ils l'ont vu tomber, leur douleur, transformée en rage, n'a pas connu de frein. Punis-les, si tu veux, de l'avoir trop aimé, ou pardonne à leur désespoir, dont la cause n'est que trop juste, et dont l'excuse est dans ton cœur. Ils ont vengé ton fils comme l'aurait vengé son père.

— Huascar, reprit Ataliba après un long et douloureux silence, voilà les excès effroyables où se portent les nations, lorsqu'une fois la discorde et la guerre ont rompu les nœuds les plus saints et chassé des cœurs la nature. Étouffons ces fureurs dans nos embrassements. Reprends ton sceptre et ton empire, pardonne-moi tes malheurs. »

Huascar, indigné, le repousse, et lui dit : « Va, meurtrier de ma famille, va régner sur des morts, t'asseoir sur des ruines, et t'applaudir en contemplant des massacres et des débris. Tel est l'empire que tu m'offres. Je ne veux de toi que la mort. Garde tes présents, ta pitié; garde les fruits de tes forfaits; qu'ils en éternisent la honte, et que, pour mieux te détester, les malheureux que je te laisse soient condamnés à t'obéir.

— Tu sais, lui dit Ataliba, que les crimes que tu m'imputes ne sont pas les miens, tu le sais; mais ta douleur te rend injuste. Je laisse au temps à la calmer. Un jour, tu te ressouviendras que j'ai détesté la guerre, que je t'ai demandé la paix, que je te la demande encore, plus pénétré, plus accablé que toi des maux que nous nous sommes faits. Alors tu retrouveras ton frère tel que tu le vois aujourd'hui, traitable, humain, sensible et juste. Adieu. Je te laisse en ces murs, captif il est vrai, mais n'ayant qu'à vouloir pour cesser de l'être. Le jour même que, sur l'autel du Soleil notre père, tu consentiras avec moi à nous jurer une alliance et une paix inviolables, ton trône, ton empire, tout te sera rendu. »

La citadelle de Cannare fut la prison du roi captif. Le vainqueur y laissa une garde fidèle sous le sévère Corambé. Il envoya Palmore gouverner sous son nom les États de Cusco ; et lui, rendant sur son passage, aux vallons de Riobamba, de Muliambo, d'Illinica, les laboureurs qu'il en avait tirés, il retourne à Quito sans pompe, accompagné du lit funèbre qui portait son malheureux fils.

L'arrivée d'Ataliba fut le tableau le plus touchant d'une désolation publique. Sa famille éplorée vient au-devant de lui, un peuple nombreux l'accompagne ; mais aucune voix ne s'élève pour féliciter le vainqueur, on n'est occupé que du père ; et si la nuit dérobait à ses yeux tout ce peuple qui l'environne, aux gémissements échappés à travers un vaste silence, il se croirait dans un désert, où quelques malheureux égarés et plaintifs implorent le secours du Ciel.

Dans cette foule, et au milieu de la famille de l'inca, paraît une femme éperdue. Ses voiles déchirés, sa tête échevelée, son sein meurtri, ses yeux égarés, sa pâleur, les convulsions de la douleur dans tous les traits de son visage, ses mains qu'elle tend vers le ciel, tout annonce une mère, et une mère au désespoir.

Du plus loin que l'inca la voit, il descend de son siége, il va au-devant d'elle ; et la recevant dans ses bras : « Ma bien-aimée, lui dit-il, le Soleil notre père a rappelé ton fils ; il dispose de ses enfants. Heureux celui que l'innocence, la vertu, la gloire, l'amour accompagnent jusqu'au tombeau ! Il a fait la moisson, il quitte le champ de la vie. Ton fils a peu vécu pour nous, mais assez pour lui-même : il emporte avec lui ce que les ans donnent à peine, et ce qu'un instant peut ravir, les regrets et l'amour du monde. Affligeons-nous de lui survivre ; l'homme à plaindre est celui qui pleure, et non pas celui qui est pleuré. Mais, par un excès de douleur, n'accusons pas la destinée ; ne reprochons pas au Soleil d'avoir repris un de ses dons. » Vérités consolantes pour de moindres douleurs, mais trop faible soulagement pour le cœur d'une mère ! Elle demande à voir son fils ; on apporte à ses pieds ce que la mort lui en a laissé ; et à l'instant, avec un cri qui part du fond de ses entrailles, elle se jette sur ce corps inanimé, elle l'embrasse, elle le serre étroitement, elle l'inonde de ses larmes, jusqu'à ce qu'elle-même, étouffée, expirante, elle ait perdu le sentiment de la vie et de la douleur.

L'inca, dans les bras d'Alonzo, sentait rouvrir, à cette vue, toutes les plaies de son cœur ; le jeune homme mêlait ses larmes aux larmes de son ami ; et les neveux de Montezume, témoins de la désolation d'une auguste famille, pensaient à leurs propres malheurs.

Aciloé (c'était le nom de cette mère infortunée) fut portée dans son palais ; et l'inca se rendit au temple, où le corps de son fils, arrosé de parfums, fut déposé en attendant le jour destiné à ses funérailles.

Après un humble sacrifice pour rendre grâces au Soleil, l'inca sortit du temple ; et sous le portique, où son peuple l'environnait, il éleva la voix et demanda silence. « Ma cause était juste, dit-il, et notre dieu l'a protégée; mais l'aveugle ardeur de nos troupes à nous venger, mon fils et moi, a déshonoré ma victoire; et c'est moi qui porte la peine des excès commis en mon nom. Peuple, je veux bien expier ce qu'on a fait d'injuste et d'inhumain; mais c'est assez pour votre roi d'être malheureux; n'achevez pas de l'accabler en le croyant coupable. Il ne l'est point. J'étais expirant à Cannare lorsqu'on y a versé tant de sang; j'étais éloigné de Cusco lorsqu'on l'a saccagée; et j'ai détesté ces fureurs. Je vous conjure, au nom du dieu qui m'en punit, de m'en épargner le reproche. Puisse mon nom être effacé de la mémoire des hommes avant qu'on y ajoute le surnom de *cruel!* Le roi mon frère, que le sort a mis entre mes mains, sera malgré lui-même un exemple de ma clémence. Cependant, si le cri de la calamité retentit jusqu'à vous, et s'il vous fait entendre qu'Ataliba fut violent et sanguinaire, ô mon peuple! élevez la voix, et répondez qu'Ataliba fut malheureux. »

Le soir même, avec Alonzo, soulageant son âme oppressée : « Mon ami, lui dit-il, tu sais toute l'horreur que nos discordes m'inspiraient; l'événement a passé mes craintes, et dans cet abîme de maux je vois trop s'accomplir mes funestes pressentiments. Vouloir la guerre, c'est vouloir tous les crimes et tous les malheurs à la fois. Dire à des meurtriers, qu'on assemble pour l'être, d'user de modération, c'est dire aux torrents des montagnes de suspendre leur chute, de régler leur cours. Aucun roi ne sera jamais plus résolu que je l'étais à réprimer l'emportement et les abus de la victoire, et voilà cependant que des millions d'hommes me regardent comme un fléau.

— Hélas! prince, lui dit Alonzo, l'homme, en proie à ses passions, est si faible contre lui-même et si peu sûr de se dompter, comment pourrait-il s'assurer d'une multitude effrénée, à qui lui-même il a donné l'affreuse liberté de faire du mal? Mais tout cet empire est témoin que l'inflexible roi de Cusco vous a forcé de tirer le glaive. Ne vous accablez point vous-même d'un injuste reproche; et si les malheureux que la guerre a faits vous accusent, laissez à vos vertus de répondre de votre innocence, et repoussez l'injure par la clémence et les bienfaits.»

Ces mots consolants relevèrent le courage d'Ataliba et sa douleur fut suspendue jusqu'au jour qu'il avait marqué pour les funérailles de son fils. C'était la fête du Soleil, lorsque, repassant l'équateur, il rentre dans notre hémisphère, et revient donner le printemps et l'été aux climats du nord. C'était aussi la fête de la Paternité.

Après les cantiques, les vœux et les offrandes accoutumés, le monarque, assis sur son trône au milieu d'un parvis immense, ayant à ses pieds les caciques et les vieillards, juges des mœurs, voit s'avancer les pères de famille, qui mènent, chacun devant soi, leurs enfants parvenus à l'âge de l'adolescence. Ils s'inclinent devant l'inca, et après l'avoir adoré, le père, qui porte en ses mains un faisceau de palmes, les distribue à ceux de ses enfants qui ont fidèlement rempli les saints devoirs de la nature. Ces palmes sont les monuments de la piété filiale. Tous les ans, chacun des enfants dont l'obéissance et l'amour ont obtenu ce prix l'ajoute à son trophée; et de ces palmes réunies, qu'il recueille dans sa jeunesse, il compose le dais du siége paternel, d'où lui-même il dominera un jour sur sa postérité. Ce siége est dans chaque famille comme un autel inviolable : le chef seul a le droit de s'y asseoir; et les palmes qui le couronnent, rappelant ses vertus, disent à ses enfants: « Obéissez à celui qui sut obéir, révérez celui qui révéra son père. » Dès qu'il sent la mort approcher, il se fait placer expirant sous ce vénérable trophée, il y rend le dernier soupir, et, au moment de sa sépulture, ses enfants détachent ses palmes pour en ombrager son tombeau. La menace la plus terrible d'un père à son fils qui s'oublie, c'est de lui dire : « Que fais-tu, malheureux? Si tu es indigne de mon amour, tu n'auras point de palmes sur ta tombe. » C'est donc là le signe et le gage que chaque père vient donner au monarque, père du peuple, de l'obéissance, du zèle et de l'amour de ses enfants.

Si quelqu'un d'eux a manqué de remplir ces pieux devoirs, la palme lui est refusée. Le père, en soupirant, obéit à la loi qui l'oblige de l'accuser. Une plainte sincère et tendre échappe à regret de sa bouche ; et si le sujet en est grave, l'enfant rebelle est exilé de la maison de son père. Condamné, durant son exil, à la honte d'être inutile, attaché à l'oisiveté, il n'est admis à la culture ni du domaine du Soleil, ni des champs de l'inca, ni de celui des veuves, des orphelins et des infirmes; le champ même qui nourrit son père est interdit à ses profanes mains. Ce temps d'expiation est prescrit par la loi. Le malheureux jeune homme en compte les moments; et on le voit, seul, étranger à ses amis, à sa famille, errer sans cesse autour de la demeure paternelle, dont il n'ose toucher le seuil. Celui dont l'exil finissait avec l'année révolue rentrait ce jour-là même en grâce; les décurions le ramenaient devant le trône du monarque; son père lui tendait les bras en signe de réconciliation; à l'instant, il s'y précipitait avec la même ardeur qu'un malheureux, longtemps agité sur les mers par les vents et par les tempêtes, embrasse le rivage où le jettent les flots. Dès lors, il était rétabli dans tous les droits de l'innocence; car on ne connaissait point chez ce peuple si sage la coutume d'ôter au coupable puni tout espoir de retour dans l'estime des hommes. La faute une fois expiée, il n'en restait aucune tache; tout, jusqu'au souvenir, en était effacé.

Après que la clémence et la sévérité ont donné d'utiles leçons, le monarque prend la parole pour rappeler aux parents le soin qu'ils doivent donner à leurs enfants, et pour recommander aux jeunes gens le respect et la reconnaissance qu'ils doivent à leurs parents.

A ces mots, des larmes de joie et d'amour coulent de tous les yeux. Les enfants, aux genoux des pères, s'attendrissent et rendent grâces ; les pères, en les embrassant, s'applaudissent de leurs bienfaits. L'inca, témoin de ce spectacle, sent plus vivement que jamais la perte de son fils. « Guerre impitoyable, dit-il, sans toi, sans tes fureurs, je partagerais l'allégresse et la gloire de ces bons pères. Il serait là, il aurait reçu de ma main la première palme. Qui la méritait mieux que lui ? » Il n'en put dire davantage : les sanglots lui étouffaient la voix. Il fut quelques instants muet et baigné dans ses larmes. « Non, reprit-il enfin ; qu'on m'apporte mon fils, je ne veux pas qu'il soit frustré de ce dernier tribut d'amour et de louange. Du haut du ciel il entendra la voix gémissante d'un père ; il me plaindra d'être privé de lui. »

On lui obéit, et au pied de son trône fut apporté le lit funèbre où reposait le corps de Zoraï. « Peuple, s'écria le monarque en s'y précipitant, le voilà ce modèle de l'amour filial ; le voilà le plus tendre, le plus respectueux, le plus aimable des enfants. Oui, depuis sa naissance, il l'a été pour moi, il l'a été jusqu'à sa mort. Des jouissances délicieuses, des espérances encore plus douces, et tout ce que l'âme d'un père peut éprouver de joie et de consolation, tel était le prix de mes soins, et le présage du bonheur qui vous attendait sous son règne. Il était impossible qu'un si bon fils ne fût pas un bon roi. Un dieu juste n'a pas voulu que cette âme sensible ait vu les crimes et les ravages d'une guerre, hélas! trop funeste. Mon fils eût arrosé de larmes ce trophée de ma victoire, cet étendard qu'on a trempé dans un déluge de sang. Il n'est plus. Nous avons perdu, moi, le plus vertueux fils, et vous, le plus vertueux prince. Soumettons-nous, et allons lui rendre les tristes honneurs du tombeau. »

Alors le monarque, à la tête de sa famille et de son peuple, accompagna le corps de son fils jusqu'au temple, où, sur un trône d'or, il fut placé en face de l'image du Soleil, ayant à ses pieds l'étendard qui lui avait coûté la vie, et dans sa main la palme de l'amour filial.

Le monarque, au retour du temple, fit appeler Alonzo. « Mon ami, lui dit-il, mes tristes devoirs sont remplis. Il est temps que le père cède la place au roi, et que je me mette en défense contre cet ennemi terrible dont tu nous as menacés. C'est à toi que je me confie. Ton zèle, ton expérience, ta valeur, voilà mon espoir.

— Je le remplirai, dit Alonzo; et plût au Ciel que la défense et le salut de cet empire ne dussent te coûter que mon sang! je le verserais avec joie.

— O mon ami! qu'ai-je donc fait, lui dit l'inca en l'embrassant, pour avoir mérité de toi un zèle si noble et si tendre?... » A ces mots on vient dire au roi que le grand prêtre du Soleil demande à lui parler; Alonzo se retire et va se livrer au sommeil.

CHAPITRE XI.

Pizarre à la cour d'Espagne. — Il revient en Amérique, et trouve Las-Casas à Saint-Domingue. — Il arrive à Tumbès. — Premières luttes contre les sauvages.

Cependant Pizarre, tout occupé de l'importance de ses desseins, en méditait profondément les difficultés effrayantes. L'une de ces difficultés était l'état de sa fortune. Le peu d'or qu'il avait recueilli de sa première course s'était perdu et dissipé dans les mains de ses compagnons. Son entreprise, qui d'abord avait passé pour insensée, n'avait plus aucun partisan. La confiance était perdue, et les secours en dépendaient. Il fallait pour la ranimer l'éclat de la faveur du prince. Mais quelle horreur la cour d'Espagne ne devait-elle pas avoir des ravages, des cruautés qui s'exerçaient en Amérique! Ces brigands, ces fléaux de l'Inde n'étaient-ils pas en exécration à leur patrie, épouvantée des excès qu'ils avaient commis? Un jeune roi surtout, que la cupidité n'avait pas corrompu encore, devait les détester; et dans l'opinion qu'il avait de ces cœurs féroces, il allait confondre celui qui solliciterait le droit d'imiter leur exemple, et de rendre odieux son règne aux peuples d'un autre hémisphère. Le cri plaintif de la nature, le cri de la religion, ses ministres tonnant et lançant l'anathème sur les profanateurs qui la rendaient complice de leurs sacriléges fureurs; c'est là ce que Pizarre roulait dans sa pensée, lorsqu'un vent favorable, l'amenant vers les bords de la fertile Andalousie, le fit entrer dans le port de Palos, dans ce port d'où était parti l'intrépide Colomb, quand, sur la foi d'un nautonnier que les tempêtes avaient instruit, il était allé découvrir ce malheureux Nouveau-Monde.

Pizarre, en abordant, prit soin de mander à Truxillo (c'était le lieu de sa naissance) la nouvelle de son retour, et il se rendit à Séville, où le jeune empereur tenait sa cour. Ce jeune prince ayant daigné l'entendre, le guerrier, au milieu du conseil assemblé, lui parle en ces mots:

« Puissant et glorieux monarque, vous voyez l'un des premiers soldats qui, sous le règne de Ferdinand, ont porté les armes de la Castille dans le Nouveau-Monde. Je m'appelle Pizarre; Truxillo m'a vu naître le plus obscur de vos sujets, mais j'ai l'ambition, peut-être le moyen de faire oublier ma naissance. Sur la côte de Carthagène et vers les bords du Darien, je suivis Alphonse Ojeda, l'homme le plus déterminé qui fut jamais. J'appris à son école qu'il n'est point de dangers que le courage ne surmonte; et je puis dire qu'il m'a mis à l'épreuve de tous les maux. Après lui, ce fut sous Vasco de Balboa que je servis, et que je conçus l'espérance d'égaler Colomb et Cortès.

« On vous a vanté les richesses de l'Amérique ; et moi, je vous annonce qu'on ne les connaît pas. Les îles dont la découverte a fait la gloire de Colomb, le royaume dont la conquête a rendu Cortès si fameux, ne sont rien en comparaison des pays que j'ai découverts, et dont je viens vous faire hommage. C'est le royaume des incas, peuple adorateur du Soleil, dont ses rois se disent les enfants. Et qui ne le croirait leur père, en voyant les richesses que ses rayons répandent dans ces heureux climats ?

« C'est une chaine de montagnes d'or, qui s'étend depuis l'équateur jusqu'au tropique du midi, et parmi ces montagnes, les plus riants coteaux et les vallons les plus fertiles. Le même jour y présente toutes les saisons réunies ; la même terre y produit à la fois les fleurs, les fruits et les moissons.

« Les peuples de ces contrées sont vaillants, mais presque sans armes. Il est facile de les vaincre, plus facile de les gagner par la clémence et la douceur. J'avais abordé sur leurs côtes, je pénétrais dans leur pays ; et, avec un vaisseau et moins de deux cents hommes, j'aurais mis sous vos lois un empire florissant, et à vos pieds des monceaux d'or. Le vice-roi de Panama, jaloux d'une entreprise commencée avant lui, et dont il n'avait pas la gloire, a rappelé mes compagnons ; il ne m'en est resté que douze, et avec eux j'ai soutenu dans une île déserte, au milieu des tempêtes, les plus rudes épreuves de la nécessité. J'attendais un faible secours, on me l'a refusé, et on m'a rappelé moi-même. J'ai obéi sans renoncer à ma glorieuse entreprise; et, pour vous soumettre un pays le plus riche de l'univers, je ne demande que l'honneur dont jouit Cortès au Mexique, l'honneur de commander pour vous, et de n'obéir qu'à vous seul. »

Pizarre mit alors sous les yeux du conseil le récit de ses aventures, attesté par ses compagnons; et ce récit, quoique très-simple, ne fut pas lu sans étonnement. Mais, soit que le jeune empereur voulût encore éprouver Pizarre, soit que, par sa naissance, il ne le crût pas digne du titre auquel il aspirait: « L'audace de ton entreprise, lui dit-il, semble autoriser celle de ton ambition; mais sois content de partager les richesses que tu m'annonces, et ne demande rien de plus.

— Des richesses! lui dit Pizarre d'un air chagrin et dédaigneux; mes matelots et mes soldats en reviendront chargés; il me faut de la gloire. Le reste est au-dessous de moi. Si je ne suis pas digne de gouverner, je ne suis pas digne de vaincre. Nommez le vice-roi qui doit me remplacer, je l'instruirai: mon plan, mes projets, mes découvertes, je lui communiquerai tout, excepté mon courage.... dont j'ai besoin pour dévorer l'humiliation d'un refus. »

Cette franchise, brusque et fière, ne déplut point au jeune monarque. « Il me servira bien, dit-il, puisqu'il ne sait pas me flatter. » Il lui accorda sa demande, et Pizarre, dès ce moment, vit une foule de courtisans l'entourer, le féliciter, briguer l'honneur de protéger ses cruautés et ses rapines, et mendier le prix infâme de l'appui qu'ils lui promettaient. Il vit une jeunesse ardente, ambitieuse, se disputer la gloire de le suivre et de partager ses travaux ; il vit l'avarice elle-même s'empresser, à l'appât du gain, de lui équiper une flotte, et risquer, en tremblant, les frais d'une entreprise dont elle attendait des trésors.

Pizarre, sans croire en imposer à ceux qui se fiaient à lui, leur prodigua les espérances, se ménagea l'appui des grands, s'attira la faveur du peuple, fit un choix de bons matelots et de soldats déterminés, et, parmi les plus braves, prit vingt hommes d'élite pour commander sous lui. Ses frères furent de ce nombre. Le jeune Gonsalve Davila ne fut point oublié : Charles daigna recommander à Pizarre de l'emmener avec lui en passant à l'île Espagnole.

Ainsi, tout secondant ses vœux, Pizarre, dans le même temple et sur le même autel où Magellan avait fait le serment d'obéissance et de fidélité à la couronne de Castille ; Pizarre, dans les mains de Charles, prononça le même serment.

« Guerrier, lui dit le jeune prince, ici l'on confond tous les droits ; chacun, selon ses intérêts et ses opinions, fait pencher la balance entre les Indiens et nous. Fatigué de tous ces débats, je te recommande deux choses : l'une, de faire à ton pays tout le bien que tu croiras juste et qui dépendra de toi ; l'autre, de faire aux Indiens le moins de mal qu'il te sera possible ; car, si je veux en être obéi, je désire encore plus d'en être aimé. » A ces mots, il lui ceignit l'épée, cette épée qui devait être la marque de sa dignité, et qui ne fut pour lui qu'une trop faible défense contre de lâches assassins.

Cependant sa flotte à la rade, et ses compagnons assemblés dans le port de Palos, n'attendent que lui et les vents. Il arrive; les vents l'invitent à partir; il s'embarque, il fait lever l'ancre, et part aux acclamations de tout un peuple qui l'exhorte à revenir, chargé des richesses de l'Amérique, déposer les dépouilles des temples du Soleil au pied des autels du vrai Dieu.

En abordant à l'île Espagnole, Pizarre apprit que Las-Casas, attaqué d'une maladie que l'on croyait mortelle, languissait au bord du tombeau. Il l'alla voir. Gonsalve Davila était auprès de lui, et le servait avec ce zèle tendre qu'un fils aurait eu pour son père.

Le solitaire, en revoyant Pizarre, se sentit vivement ému. Sur son visage, où étaient peintes la douleur, la faiblesse et la sérénité, se répandit un rayon de joie. « Mon ami, dit-il à Pizarre en lui tendant la main, je vais le voir ce Dieu qui nous a tous fait naître pour nous aimer mutuellement, pour vivre en paix, nous secourir et nous soulager dans nos peines. Voyez combien l'image de la mort est tranquille et riante pour l'homme simple et doux qui se dit à lui-même : Je n'ai jamais fait gémir l'innocent! Voyez avec quelle confiance mes yeux, avant de se fermer, se lèvent encore vers le ciel ! avec quelle consolation mes bras s'étendent vers mon Père ! »

A cette voix faible et touchante, à ce langage qu'animait une piété vive et tendre, à ces regards où semblait éclater la dernière étincelle de la vie et du sentiment, Pizarre fut ému : il pressa dans ses mains la main de l'homme juste. « O mon père, dit-il, vivez pour me voir pratiquer ce que votre exemple m'enseigne, ce que m'inspirent vos vertus. Pour vous répondre de moi j'avais besoin d'être revêtu d'une autorité imposante; je le suis, et j'espère apprendre à ma patrie à conquérir sans opprimer. »

Le solitaire lui demanda des nouvelles de son ami, du vertueux Alonzo. « Il m'a quitté, lui répondit Pizarre avec douleur; il s'est jeté parmi les sauvages.

— Le bon jeune homme ! dit Las-Casas, il les aima toujours ; il est digne d'en être aimé. »

Tandis que Las-Casas s'entretenait ainsi avec Pizarre, la nuit avait enveloppé l'île Espagnole de ses ombres; le silence y régnait; tout reposait, jusqu'aux esclaves; on n'entendait que le bruit des flots qui se brisaient contre le rivage avec un murmure plaintif qui semblait imiter celui de la nature, opprimée dans ces climats.

Alors on entendit frapper à la porte du solitaire. Le jeune Davila se lève, va, et revient avec inquiétude; et, se penchant sur le lit de Las-Casas, il le consulte en secret. « Oui, qu'il entre, dit Las-Casas; Pizarre est magnanime, et ce serait lui faire injure que de nous méfier de lui. Vous allez voir, lui dit-il, un cacique qui, s'étant retiré depuis dix ans dans les montagnes de l'île, s'y conduit avec une valeur et une bonté sans exemple. Par lui sa retraite sauvage est devenue inaccessible, et c'est le refuge assuré de tous les insulaires qui échappent à leurs tyrans. Il a discipliné trois cents hommes pleins de courage, et il les contient dans les bornes d'une défense légitime. Vigilant, actif, plein d'ardeur, et aussi prudent qu'intrépide, il se tient sur ses gardes et il n'attaque jamais. Il a vu massacrer ses amis, sa famille entière; il a vu brûler vifs son père et son aïeul; et s'il lui tombe entre les mains un des bourreaux de sa patrie, il le désarme et le renvoie : son ennemi le plus cruel, dès qu'il est pris vivant, est assuré de son salut; il ne voit plus en lui qu'un homme. Heureusement, et pour la gloire de la religion, il est chrétien. J'ai eu le bonheur de l'instruire : il s'en souvient, il m'aime tendrement. Il a su que j'étais malade, et vous voyez à quels dangers il s'est exposé pour me voir. »

Barthélemy achevait à peine, lorsque le jeune Davila revint suivi du cacique, qu'une Indienne accompagnait. Henri (c'était le nom de ce héros sauvage) se précipite avec transport sur le lit de Las-Casas, et lui baise mille fois les mains avec un attendrissement inexprimable. « O mon père! dit-il, mon père! je te revois. Qu'il me tardait! Mais je te revois souffrant, et ta main brûle sous mes lèvres! Mes frères, tes enfants, alarmés de ton mal, sont venus affliger mon âme; je n'ai pu résister à l'impatience de te voir. Si j'étais pris, je sais ce qui m'attend; mais j'ai voulu m'y exposer pour venir embrasser mon père.

« Écoute, ajouta le sauvage, je t'amène ici ma compagne; elle prendra soin de ta santé. Ma femme, voici mon père; je donnerais pour lui ma vie; si tu prolonges la sienne, je te chérirai jusqu'à mon dernier soupir. »

Barthélemy, les yeux attachés sur Pizarre, jouissait de l'impression que faisait sur le cœur du Castillan la bonté du cacique; et le jeune Davila, présent, versa de douces larmes.

Las-Casas, pénétré jusqu'au fond de l'âme, voulut refuser ce secours. « Ah! cruel, s'écria le cacique, dis-nous donc, si tu veux mourir, quel est l'ami que tu nous laisses. Tu le sais, nous n'avons que toi pour consolateur, pour espoir; si tu nous aimes, si tu nous plains, et si je te suis cher moi-même, accorde-moi ce que je viens te demander au péril de ma tête, au milieu de mes ennemis. » En achevant ces mots, il prend sa femme par la main, et l'ayant fait approcher du lit de Las-Casas : « Adieu, mon père ; je laisse auprès de toi la moitié de moi-même, et je ne veux la revoir que lorsque ses soins t'auront rendu à la vie et à notre amour.

Las-Casas, attendri, permit à l'Indienne de ne

plus s'éloigner de lui ; et ce fut à la piété de Henri et de sa compagne que la terre dut le bonheur de posséder encore longtemps cet homme juste.

« Ange tutélaire de ce Nouveau-Monde, lui dit Pizarre, que vous êtes heureux de régner ainsi sur les cœurs ! D'autres auront subjugué l'Inde ; mais vous seul vous l'aurez soumise par l'ascendant de la vertu. »

L'attendrissement du jeune Davila le fit remarquer de Pizarre, et Las-Casas le lui nomma. « Fils d'un père trop ennemi des Indiens, lui dit Pizarre, vous voyez des exemples bien différents du sien. » Il lui apprit que l'empereur l'avait recommandé a lui, et qu'il était destiné à le suivre. Mais Gonsalve, dans ce moment, ne pouvait se résoudre à se séparer de Las-Casas.

« Mon ami, lui dit le solitaire, votre devoir est d'obéir. J'aimerais mieux vous voir obscur que de vous voir coupable. Mais la confiance que Pizarre m'inspire adoucit mes regrets et modère mes craintes. Je vous conseille de le suivre, et vous invite à l'imiter. Venez me voir encore demain : j'écrirai à mon cher Alonzo, je vous chargerai de ma lettre ; et si Pizarre peut savoir où ce bon jeune homme respire, il la lui fera parvenir. »

En écrivant cette lettre fatale, qui lui eût dit qu'il allait signer la ruine des Indiens ?

Impatient de se rendre sur l'isthme, Pizarre, au premier souffle d'un vent favorable, mit à la voile et partit de l'île Espagnole. Son arrivée à Panama rendit l'espérance et la joie à ses amis. On s'empressa de lui armer une flotte, et dès qu'elle fut équipée, il s'embarqua avec la résolution d'aller débarquer aux bords qu'il avait reconnus. Mais il fut forcé par les vents d'aborder au port de Coaque, non loin du promontoire de Palmar ; et de là, pour ne plus dépendre de l'inconstance des flots, il marcha le long du rivage, ayant commandé à sa flotte de le joindre au port de Tumbès.

Des sables, des vallons remplis de bois hérissés et touffus, dont la ronce et le manglier font un tissu impénétrable ; des torrents, des fleuves rapides, un air embrasé, les horreurs d'une solitude profonde, tout ce que la nature a de plus effrayant s'oppose à son passage, et ne peut arrêter ses pas. Il marche sous un ciel de feu, il foule une terre brûlante. Ses compagnons, qu'il encourage au nom de la gloire et de l'or, s'enfoncent avec lui dans ces bois où jamais les serpents venimeux dont ils étaient jonchés n'avaient vu les traces de l'homme. Il s'élance dans les torrents, il enseigne à ses compagnons à les traverser à la nage, et ceux que le danger rebute, ou que les forces abandonnent, il les anime, il les soutient ; il les dispute aux flots qui les entraînent, et luttant d'une main, les soulevant de l'autre, il les amène au bord. Intrépide et infatigable, il s'avance, il découvre enfin des champs cultivés, des cabanes, des hameaux peuplés d'Indiens ; et la terreur qu'il y répand fait bientôt passer à Quito la nouvelle de son retour. Mais le cruel état des choses dans le royaume des incas n'avait pas permis de veiller à la défense des vallées.

Huascar était captif dans les murs de Cannare ; mais l'un de ses frères, Mango, réfugié dans les détroits des montagnes de l'orient avec les restes de sa famille et les débris de son armée, méditait le hardi dessein de rentrer dans Cusco et d'en chasser Palmore. Il voyait même tous les jours son camp se grossir de nouveaux transfuges, qu'effrayait la domination de l'usurpateur de l'empire et de l'oppresseur de leur roi.

Bientôt l'intrépide Mango descend, à la tête des siens, des montagnes de l'orient. La renommée qui le précède a semé le bruit de sa marche. Le courage, dans tous les cœurs, se ranime avec l'espérance ; dans Cusco, le peuple commence à s'émouvoir, et le bruit sourd et menaçant de la révolte se fait entendre.

Au signal d'un soulèvement et à l'approche d'une armée, Palmore abandonne la ville. Il fait pourvoir abondamment la citadelle qui la domine, et s'y enferme avec les siens.

Mango trouve la ville ouverte ; il y entre comme en triomphe ; et, fier d'une nombreuse armée qu'il fait camper autour des murs, il envoie à la citadelle sommer Palmore de se rendre. Celui-ci répond que la paix ou la mort le désarmera. On le presse, on lui fait entendre que tout l'empire est soulevé, qu'Ataliba est perdu sans ressource, et que lui-même il n'a d'espoir qu'en la clémence de Mango. « Je ne sais point ce qui se passe hors des remparts que je défends, répond ce généreux guerrier. Ataliba est homme, il peut éprouver des revers ; mais puisqu'il lui reste avec moi deux mille sujets fidèles, il n'a pas tout perdu. S'il n'était plus lui-même, peut-être alors prendrais-je conseil de la nécessité ; mais tant qu'il est vivant, je ne dépends que de lui seul, et je laisse Mango exercer sa clémence sur des malheureux, s'il en est d'assez lâches pour l'implorer. »

Cependant, comme il s'aperçut que quelques-uns des siens étaient troublés de ces menaces : « Quand il serait vrai, leur dit-il, qu'Ataliba fût malheureux, lui en serions-nous moins fidèles ? Ressemblerions-nous aux oiseaux qui s'envolent d'un arbre dès qu'il est ébranlé par quelque tourbillon rapide ? L'arbre est courbé ; il se relèvera : laissons passer l'orage. » Alors, choisissant parmi eux un messager intelligent et sûr : « Cherche Ataliba, lui dit-il, apprends-lui que la forteresse de Cusco est à nous encore, que c'est moi qui la garde, et que j'ai avec moi deux mille hommes déterminés à verser pour lui tout leur sang. Voilà, dit-il en se tournant vers ses soldats qui l'écoutaient, voilà comme il faut que l'on parle à ses amis dans le malheur ; et le meilleur ami d'un bon peuple, c'est un bon roi. »

Sur les premiers avis qu'on avait reçus du soulèvement de Cusco, le roi de Quito s'avançait au secours de Palmore, et Alonzo avait voulu le suivre. Ils avaient passé les plaines de Loxa, vu les sources de l'Amazone, et du haut des monts qui dominent le fleuve Abancaï, ils découvraient les campagnes que ce beau fleuve arrose, quand le messager de Palmore vint au-devant d'Ataliba, l'avertit que Mango venait à lui, que Palmore, avec deux mille hommes, gardait encore la citadelle, et que les chefs et les soldats lui étaient dévoués. Molina l'entendit, et dans le moment même il prit sa résolution. « Laisse-moi, dit-il à l'inca, te choisir non loin de ce fleuve un camp facile à retrancher, où ton armée se repose, et profitons de l'avantage que le sort nous a ménagé. » Il fit donc avancer l'armée sur le coteau qui dominait la plaine, lui traça lui-même son camp, et vers la nuit il appela le messager de Palmore, l'instruisit et le renvoya.

Mango passe l'Abancaï, s'avance, et voyant l'ennemi retranché dans son camp, l'insulte, et l'appelle au combat.

Ataliba, vivement offensé, s'indignait de ne pas sortir; il se croyait couvert de honte, et s'en plaignait à son ami. « Ne vois-tu pas, lui dit Alonzo, que ces désirs et ces menaces n'annoncent dans tes ennemis qu'imprudence et légèreté? Laisse venir le jour que j'ai marqué pour leur défaite, alors nous répondrons en hommes à ces témérités d'enfants. »

Deux jours après, l'aurore ayant éclairé l'horizon, le roi de Quito vit paraître au delà du camp ennemi, sur une colline opposée, le drapeau flottant de Palmore. « Voici le moment, prince, dit le jeune Espagnol; et si Palmore fait son devoir, l'empire est à toi sans partage. » Il dit; et le signal donné, l'armée abandonne son camp, et va se ranger dans la plaine.

Alonzo se réserve deux mille combattants armés de haches et de massues, pour charger lui-même à leur tête. C'est la troupe de Capana ; et ce cacique anime ses sauvages à mériter l'honneur de combattre sous Alonzo. Cependant la flèche et la fronde engagent le combat. On s'approche, et bientôt une horrible mêlée confond les coups, et fait couler ensemble des flots du sang des deux partis.

Alors, du haut de l'éminence où Palmore s'est reposé, il fond sur l'armée ennemie ; et, d'une ardeur égale, l'impétueux Alonzo marche à la tête du corps terrible qu'il réservait pour ce moment.

Entre ces deux attaques soudaines et rapides, Mango, surpris, épouvanté, dissimule en vain son effroi. Le trouble a gagné son armée. Tout se disperse, tout s'enfuit. La légion des incas résiste seule et se tient immobile, comme un rocher au milieu des vagues qui le couvrent de leur écume. En vain ses pertes l'affaiblissent, en vain elle se voit accabler sous le nombre : trois fois on l'invite à se rendre ; trois fois, avec un fier mépris, elle rejette son salut. La résistance et le carnage qu'elle fait en se défendant, achèvent d'étouffer un reste de compassion dans les bataillons qui la pressent. Elle succombe enfin ; aucun de ses guerriers ne quitte son rang ; ils périssent dans la place où ils combattaient ; et ce qui reste des vaincus, cherchant leur salut dans la fuite, laisse sur le champ de bataille Ataliba, vainqueur et consterné, parcourir ces plaines de sang, et se reprocher sa victoire. Hélas! cette victoire qui lui arrachait des larmes était pour lui le terme de la prospérité, et comme le dernier sourire, le sourire cruel et traître de la fortune qui l'abandonnait.

Ce même jour, ce jour funeste vit arriver Pizarre sur la rive du fleuve qui baigne les champs de Tumbès.

Vers l'embouchure de ce fleuve est une île sauvage où Pizarre avait résolu de se ménager un refuge. Il y passa sur des canots, car il avait devancé sa flotte; mais cette île était la demeure d'un peuple indomptable et féroce. Pizarre, dédaignant de perdre à réduire ce peuple un temps qui lui était précieux, n'attendit que sa flotte pour revenir camper sur le rivage et devant le fort de Tumbès.

Dans ce fort étaient enfermés mille Indiens détachés de l'armée d'Ataliba. Orozimbo était à leur tête. Sous lui commandait Télasco. Amazili, l'arc à la main, le carquois sur l'épaule, telle et plus fière en son maintien et plus légère dans sa course qu'on ne peint Diane elle-même, avait suivi son frère et son époux, digne par son courage de partager leur gloire.

Pizarre se souvint du peuple de Tumbès, de l'accueil plein d'humanité, de candeur et de bienveillance qu'il en avait reçu; il résolut de bonne foi d'achever de gagner l'estime et l'amitié de ce bon peuple. Il assembla donc ses guerriers et leur tint ce discours:

« Castillans, je vous ai promis des richesses et de la gloire. De ces deux biens, l'un vous est assuré, l'autre dépend de vous. Ceux de vous qui veulent de l'or s'en retourneront chargés d'or, je vous en suis garant : ne vous abaissez pas jusqu'au soin vil d'en amasser. Pour la gloire, c'est autre chose : une autre entreprise la promet, ne l'assure pas. Celui-là seul l'obtient qui la mérite : jamais le crime ne la donne. Il s'agit de ranger sous la puissance de l'Espagne la plus riche moitié de ce Nouveau-Monde ; et il en est deux moyens, la douceur et la violence. La violence est inutile, et chez les nations guerrières, où nous sommes en petit nombre, elle serait aussi dangereuse qu'injuste. Le danger n'est rien, je le sais ; mais la gloire, la gloire est tout ; et quand nous aurions opprimé, dévasté, changé ces contrées en des déserts sanglants, en de vastes tombeaux, oserions-nous repasser les mers chargés de trésors et de crimes, et poursuivis par les remords ? Faisons-nous des prospérités dont nous n'ayons point à rougir, ou un malheur qui nous honore. Rien n'est si beau que ce qui est juste, rien n'est si juste sur la terre que l'empire de la vertu. Tâchons de dominer par elle. Quelle conquête, mes amis, que celle qui n'aurait coûté ni larmes ni sang ! Quel triomphe que celui qui ne serait dû qu'au pouvoir des bienfaits ! La reconnaissance et l'amour vous livreraient tous les biens de ces peuples : pour les vaincre et les captiver, nos armes seraient inutiles ; et c'est alors qu'elles seraient dignes d'orner les temples de ce Dieu que nous venons faire adorer. »

Toute la jeunesse applaudit ; mais ceux des guerriers castillans qui avaient servi sous Davila, et dont les mains s'étaient déjà trempées dans le sang des peuples de l'isthme, tirèrent un mauvais présage de ce qu'ils appelaient mollesse dans leur général. Vincent de Valverde, surtout, fut indigné de reconnaître dans le langage de Pizarre les sentiments de Las-Casas, et fronçant un sourcil atroce ! « Ils fléchiront, disait-il en lui-même, ils fléchiront, ou ils seront exterminés. » Sans écouter cet odieux murmure, Pizarre marcha vers Tumbès, et fit demander au cacique de le recevoir en ami. Mais le cacique, enfermé dans sa ville, répondit qu'elle dépendait d'Ataliba, roi de Quito, qui l'avait prise sous sa garde, et que le fort la protégeait.

Il fallait attaquer ce fort. Pizarre s'approche, l'observe ; et quel est son étonnement, lorsqu'à cette enceinte, à ces angles, à ces murs de gazon, faits pour être à l'épreuve de ses plus foudroyantes armes, il reconnaît l'art des Européens ! « C'est Molina, c'est lui qui enseigne aux Indiens à se retrancher devant nous, dit Pizarre : il a fait construire ces remparts, peut-être il les défend lui-même. » Impatient de s'en instruire, il demande à parler au commandant du fort, et Orozimbo se présente. « Espagnol, je suis Mexicain, je suis neveu de Montezume. Juge si je dois te connaître, si je puis me fier à toi. C'est ici mon dernier asile, ce sera mon tombeau, si ce n'est pas le tien. »

Des Mexicains dans le fort de Tumbès ! Rien n'était plus inconcevable : Pizarre ne pouvait le croire. Cependant il fallut céder aux instances des Castillans. Indignés d'une résistance qu'ils regardaient comme une insulte, ils murmuraient, ils demandaient l'assaut. Pizarre le promit. Mais, afin qu'il fût moins sanglant, il voulut agir de surprise et à la faveur de la nuit. On se plaignit de sa prudence ; elle faisait injure à ceux qu'elle paraissait ménager ; ses guerriers, ses soldats eux-mêmes se seraient crus déshonorés par ces précautions timides ; ce n'était pas devant ces troupeaux d'Indiens qu'il fallait craindre le grand jour, si favorable à la valeur. Le héros gémit et céda.

L'attaque fut vive et rapide. Les foudres de l'Europe volaient sur les remparts ; les Indiens, épouvantés, n'osaient paraître, et la fascine amoncelée allait aplanir le fossé. Orozimbo, qui voit la terreur dont tous les esprits sont frappés, les ranime et les encourage. « Eh quoi ! mes amis, leur dit-il, qu'a donc ce bruit qui vous effraie ? Est-ce le bruit qui tue ? et faut-il tant d'efforts pour rompre le fil de la vie ? Ces bouches brûlantes sans doute vomissent la mort ; mais la mort est aussi au bout d'une flèche ; et l'arc, dans la main d'un brave homme, est terrible comme le feu. Chacun de vous n'a qu'une mort à craindre, et il en a mille à donner : vos carquois en sont pleins. Paraissez donc, et repoussez une troupe d'hommes hardis, mais faibles, vulnérables et mortels comme vous. »

Il dit, et à l'instant une grêle de traits répond au feu des Castillans. L'approche du fossé, la route du soldat qui vient y jeter sa fascine, commence à être périlleuse. Plus d'une flèche, mais surtout celles des Mexicains, se trempent dans le sang. Un œil vengeur les guide et choisit ses victimes. Pennates Mendès et Salcedo se retirent blessés ; l'intrépide Lerma entend siffler à travers son panache le trait qui lui était destiné. Le vaillant Péralte s'étonne de voir une flèche rapide percer son épais bouclier, et venir effleurer son sein. Le bras nerveux de Télasco l'avait lancée ; mais l'airain l'émoussa : elle tomba sans force aux pieds du superbe Espagnol.

Bénalcasar, qui devait être l'un des fléaux de ces contrées, du haut de son coursier fougueux, poussait les travaux de ses soldats. Une flèche qui part de la main d'Orozimbo atteint le coursier dans le flanc. L'animal indompté se dresse, frappe l'air de ses pieds, se renverse, et sous lui foule son guide étendu sur le sable. Orozimbo, qui le voit tomber, en pousse un cri de joie. « Ombres de Montezume et de Guatimozin ! ombre de mon père ! dit-il, ombres de mes amis ! recevez ce tribut, ce faible tribut de vengeance. Je ne mourrai donc pas sans avoir fait vomir le sang et l'âme à l'un de nos tyrans. » Il se trompait : la molle arène céda sous le poids du coursier ; le Castillan y fut enseveli, mais se releva de sa chute plus furieux, plus implacable, plus altéré du sang des Indiens.

Le plomb mortel qui portait sur les murs les plus

inévitables coups, ne vengeait que trop bien Pizarre, mais ne le consolait pas. Pour lui la plus légère perte était funeste. Il s'affligeait surtout de voir les Indiens s'aguerrir et s'accoutumer à ce bruit, à ce feu des armes qui partout avait répandu tant d'effroi dans ce Nouveau-Monde. Il fallait, ou les rendre encore plus intrépides, en cédant à leur résistance, ou faire tout dépendre du hasard d'un moment. Le fossé, dans sa profondeur, était comblé de l'un à l'autre bord, et l'escalade était possible. Pizarre s'y résout et l'ordonne. A l'instant le feu redouble et la protége.

Orozimbo ne perd point courage. Il défend à ses Indiens de s'exposer au feu : « Imitez-nous, dit-il : Télasco, mes amis et moi, nous allons vous donner l'exemple. » Il eut seulement soin d'écarter du lieu de l'assaut sa sœur, qui lui tendait les bras et le conjurait par ses larmes de la souffrir auprès de lui.

Alors, s'armant de haches et de lourdes massues, ils attendent, tête baissée, les plus hardis des assaillants.

Il en parut trois à la fois : Moscose, Alvare, et Fernand, le jeune frère de Pizarre. Ils s'élèvent, tenant le glaive d'une main, le bouclier de l'autre, et portant dans les yeux un courage déterminé.

Télasco s'adresse à Moscose, et d'un coup de massue, lui brisant sur la tête l'écu qui lui sert de défense, le renverse du haut des murs. Il tombe comme foudroyé sur ses soldats qui allaient le suivre, et roule sur leurs boucliers.

Fernand Pizarre va s'élancer de l'échelle sur le rempart: mais encore chancelant sur un appui fragile, il ne peut ni parer ni porter des coups assurés. Orozimbo, l'ayant saisi au bras dont il tenait le glaive, le désarme et l'entraîne à lui. Il se débat, mais il est terrassé ; son vainqueur lui laisse la vie, et le soldat qui prend sa place reçoit pour lui le coup mortel.

Alvare, dans l'instant qu'il s'attache au bord du mur pour le franchir, sent tomber sur son casque la hache meurtrière, et le coup, en glissant, le blesse au bras qui lui servait d'appui. Il est précipité sanglant ; et ses soldats, voyant sur leur tête la massue levée pour les frapper, n'osent s'exposer après lui à une mort inévitable.

Pizarre croit avoir perdu le plus tendre, le plus aimable, le plus vertueux de ses frères; mais il dévore sa douleur. Il voit la consternation de ceux qu'il a trop écoutés ; et, sans y ajouter le reproche, il fait interrompre l'assaut.

Le premier soin d'Orozimbo, après que l'ennemi se fut retiré dans son camp, fut de faire réduire en cendres ce vaste monceau de fascines dont on avait comblé le fossé du rempart; et tandis que des tourbillons de feu et de flammes s'élevaient au-dessus des murs : « Viens, dit-il au jeune Pizarre, et vois ce bûcher allumé. Quand je t'y jetterais vivant, quand j'y ferais brûler avec toi tous tes compagnons, et avec eux leurs pères, leurs enfants et leurs femmes, je ne vous rendrais pas les maux que ta nation nous a faits... Va-t'en, va dire à ces barbares que les neveux de Montezume, ayant à leurs pieds un brasier, et dans leurs mains un Castillan... Va-t'en, te dis-je, et ne tarde pas, car je crois entendre les plaintes de l'ombre de Guatimozin. »

Fernand Pizarre s'en allait le cœur flétri, l'âme abattue, n'osant s'avouer à lui-même qu'il respirait par la clémence d'un Indien, d'un Indien neveu de Montezume. Dans la plaine qui séparait le camp des Espagnols du fort de Tumbès, il rencontre un vieillard étendu sur le sable et baigné dans son sang. Ce vieillard respirait encore, et tendant les bras au jeune homme, il l'appelait à son secours. Pizarre approche. L'Indien lève sur lui un œil mourant, lui montre son flanc déchiré, et fait un signe vers le rivage, un autre signe vers le ciel, comme pour indiquer le crime et le vengeur.

Le guerrier, attendri, lui donne tous les soins de l'humanité; il étanche le sang de sa blessure, et, l'aidant à se soulever et à se soutenir, il paraît vouloir le mener au camp. Le vieillard, frissonnant d'horreur, le conjurait, en lui baisant les mains, de prendre une route opposée. « Non, disait-il, c'est de ce côté-là qu'ils sont allés.

— Qui donc? lui demanda Pizarre.

— Les meurtriers, dit le vieillard. Ils étaient vêtus comme toi; ils te ressemblaient... Non, pardonne, je ne veux pas te faire injure; tu es aussi bon qu'ils sont méchants. Ils venaient du fort, ils allaient vers le rivage de la mer; et moi je traversais la plaine; je ne leur faisais aucun mal. L'un d'eux m'a regardé d'un œil menaçant et farouche. Je tremblais; je l'ai salué pour l'adoucir; et lui, tirant son glaive, il me l'a plongé dans le flanc.

— Ah! barbares! s'écria le jeune homme saisi d'horreur. Et moi, et moi, dans le moment qu'ils t'assassinaient!... » Il n'en put dire davantage, les sanglots lui étouffaient la voix; il embrasse, il baigne de pleurs le vieillard indien. « Ah! si tu savais, dit-il, combien je déteste leur crime, combien je les dois abhorrer! Bon vieillard, tes jours me sont chers; je ne t'abandonnerai pas. Dis-moi, où faut-il te conduire?

— A ce village que tu vois, dit l'Indien; c'est là que mes enfants m'attendent. Au nom de ton père, aide-moi à me traîner dans ma cabane : je ne demande au Ciel que de voir encore une fois mes enfants et de mourir entre leurs bras. » Il n'eut pas même cette joie. A quelques pas de là, ses genoux s'affaiblirent, il sentit son corps défaillir, et, se laissant tomber dans le sein de Pizarre, il fixa ses yeux sur les siens, lui serra la main tendrement, regarda le ciel, et tournant sa vue attendrie et mourante vers son village, il expira.

Fernand, accablé de tristesse, retourne au camp des Espagnols. Le conseil était assemblé dans la tente du général, et quel fut le ravissement de ce héros en revoyant son frère, un frère tendrement chéri, qu'il croyait perdu pour jamais! Il se lève, il l'embrasse; les deux autres guerriers du même sang témoignent les mêmes transports, et tout le conseil s'intéresse à leur joie et à son retour. On l'interroge; il dit ce qu'il a vu, et la valeur des Mexicains, et la clémence de leur chef, et la rencontre du vieillard. Son âme se répand dans ce récit qui la soulage; son attendrissement s'exprime par des larmes, et il en fait couler. « O mon frère, dit-il enfin en s'adressant au général, c'est nous qui apprenons aux sauvages à être cruels et perfides, et ils ne peuvent nous apprendre à être bons et généreux ! Quelle honte pour nous ! Je demande vengeance du meurtre de cet Indien; je la demande au nom du Ciel, au nom de l'humanité. Découvrez quel est parmi nous l'homme assez lâche, assez féroce pour avoir plongé son épée dans le sein d'un homme paisible, d'un faible et timide vieillard. »

Il y avait dans ce conseil des hommes durs, qui, en souriant, disaient tout bas que le jeune Pizarre mettait un grand prix à la vie, puisqu'en daignant la lui laisser on l'avait si fort attendri. Il s'aperçut de ce sourire, et il en était indigné; mais le général, imposant à son impatience, lui dit de prendre place dans l'assemblée.

Le grand intérêt des Castillans était de ménager leurs forces. Ils étaient en trop petit nombre pour hasarder encore de s'affaiblir par un nouvel assaut; il fallait donc ou laisser en arrière la ville et le fort de Tumbès, ou chercher une plage d'un abord plus facile, ou réduire par un long siége les défenseurs de celle-ci aux plus dures extrémités.

Le parti de former le siége parut le plus sage et le plus glorieux; il réunit toutes les voix. Le général lui seul, recueilli en lui-même et profondément occupé, semblait encore irrésolu. Sa tête, longtemps appuyée sur ses deux mains, se relève avec majesté, et des yeux parcourant lentement l'assemblée : « Castillans, dit-il, j'ai voulu vous donner par ma déférence une marque de mon estime; j'ai permis l'attaque du fort : l'événement a démontré l'imprudence de l'entreprise. Vous voulez assiéger ces murs, vous le voulez, et j'y consens encore. Mais chez des peuples qui, sans nous et loin de nous, vivaient paisiblement sur des bords où, quoi qu'on en dise, nous portons une guerre injuste, ne vous attendez pas que je fasse éprouver à une ville entière les dernières extrémités de la disette et de la faim. Je veux bien les leur faire craindre; mais si ce peuple a le courage de les attendre, je n'aurai pas la barbarie de les lui laisser endurer. Lorsque, dans un combat, je risque et je défends mes jours et ceux de mes amis, le danger auquel je m'expose compense le mal que je fais, et je puis me le pardonner. Mais sans péril être inhumain! mais voir languir devant ses yeux une multitude affamée, l'enfant sur le sein de sa mère, le vieillard dans les bras de son fils expirant! les voir se déchirer, les voir se dévorer entre eux dans les accès de la douleur, de la rage et du désespoir! Je ne m'y résoudrai jamais, je vous en avertis : jusque-là je ferai tout ce que la guerre autorise. »

CHAPITRE XII.

Pizarre se rembarque et se rend au port de Rimac. — Conférence entre Pizarre et Ataliba. — Massacre des Indiens.

Ce que Pizarre avait prévu ne tarda point à arriver. Le trésor des moissons était déposé dans les villages, la disette fut dans les murs. Il fallait, pour faciliter les secours du dehors, attaquer et forcer les lignes. Orozimbo voulut commander ces sorties; et ni sa sœur ni son ami ne voulurent l'abandonner.

Les Espagnols, trop affaiblis par l'étendue de leur enceinte, surpris, attaqués dans la nuit, avaient d'abord cédé au nombre. La première sortie avait, pour quelques jours, rendu la vie aux assiégés; mais la seconde fut fatale aux héros mexicains : l'un et l'autre y perdirent ce qu'ils avaient de plus cher au monde.

L'attaque avait été si vive, que, les lignes forcées, le secours introduit, les Indiens se retiraient sans être poursuivis. Ce fut en ce moment qu'Amazili crut voir, à l'incertaine clarté de l'astre de la nuit, un jeune Indien se débattre entre deux soldats espagnols. Ils l'avaient pris, ils l'entraînaient. Télasco n'est pas avec elle, et ce jeune homme lui ressemble. Elle approche. C'est lui ! Éperdue, elle crie au secours ; on ne l'entend point. Il n'a qu'elle pour sa défense. Il faut le sauver ou périr. Elle tend son arc. Mais va-t-elle percer le sein d'un ennemi ou percer le cœur de son époux ? Son œil est sûr, mais sa main tremble, et la crainte ajoute au danger. Deux fois elle vise, et deux fois Télasco se présente devant la flèche qui va partir. Un frisson mortel la saisit ; ses genoux chancelants fléchissent ; son arc va lui tomber des mains ; il ne lui reste plus que la force de le détendre. La nature et l'amour font pour elle un de ces efforts réservés aux périls extrêmes. Elle saisit l'instant où l'un des deux Espagnols sert de bouclier au Mexicain : le trait part ; le soldat blessé tombe ; le bras de Télasco, le bras qui tient la hache est dégagé ; l'autre ennemi en éprouve l'effort terrible ; et, délivré comme par un prodige, Télasco va rejoindre ses compagnons qui rentrent dans les murs... Que fais-tu malheureux ! tu laisses Amazili au pouvoir de tes ennemis !

A peine la flèche est partie, à peine Amazili a pu voir Télasco se dégager et s'enfuir, elle n'a plus la force de le suivre. Cette frayeur de réflexion qui suit les grands périls, et qui reste dans l'âme lorsque le péril est passé, s'est emparée de son cœur épuisé de courage, et l'a saisie si violemment, qu'une défaillance mortelle la fait tomber évanouie. Elle ne se ranime, elle n'ouvre les yeux que pour se voir entourée de soldats castillans que le bruit de l'attaque a fait accourir dans ce lieu. Ils la trouvent sans mouvement ; ils en sont émus ; ils s'empressent de la rappeler à la vie.

Le jeune et valeureux Mendoce, monté sur un coursier superbe, rencontre, au milieu des soldats, cette jeune guerrière : il en est ébloui. Le panache de plumes dont elle est couronnée, son carquois d'or suspendu à une chaine d'émeraudes, riche présent d'Ataliba ; le tissu dont sa taille est ceinte, et qui presse au-dessus des flancs les plis de sa robe flottante ; mais surtout la noble fierté de son air et son maintien la trahit et annonce une illustre origine.

« Jeune femme, lui dit Mendoce, quel malheur ou quelle imprudence vous fait tomber entre nos mains ?

— La vengeance, dit-elle.

— Êtes-vous la fille ou l'épouse du roi de Tumbès ?

— Non, dit elle : je suis née en d'autres climats. Ces murs ont été mon refuge. La liberté, qui m'est ravie, était mon unique bien.

— Il vous sera rendu, lui dit Mendoce, daignez vous confier à moi ; » et, l'ayant fait asseoir sur la croupe de son coursier, il la mène au camp de Pizarre.

Le jour répandait sa lumière ; et Pizarre, au milieu du camp, se faisait instruire des événements de la nuit. Mendoce arrive, et lui présente la jeune Indienne captive. Le héros la reçoit avec cette bonté noble, modeste et consolante, qu'on doit à l'infortune, et que l'on a toujours pour la faiblesse et l'innocence, protégées par la beauté.

Mais le malheur, qui poursuivait Amazili, voulut qu'elle fût reconnue par le jeune Fernand Pizarre, qu'elle avait vu dans le fort de Tumbès. « Ah! mon frère, s'écria-t-il, c'est elle-même, c'est la sœur de ce vaillant cacique, de ce généreux Mexicain qui m'a sauvé la vie et m'a rendu la liberté. Acquittez-moi, je vous conjure. » Pizarre allait la renvoyer, mais le plus grand nombre des Espagnols en firent éclater leurs plaintes. Était-ce avec des Mexicains qu'il fallait se piquer de frivoles égards et de ménagements timides? Un Espagnol espérait-il en faire des amis? il avait dans ses mains le sûr moyen, le seul peut-être de les obliger à se rendre; et il le laissait échapper! Aimait-il mieux voir deux cents hommes qui s'étaient confiés à lui, manquant de tout sur ce rivage, et n'ayant même pas un asile, périr autour de ces remparts, ou de fatigue ou de misère, ou par les flèches des sauvages? Voulait-il les sacrifier?

Le général eût méprisé ces plaintes, si l'échange des deux captifs ne l'eût pas touché de si près. Mais un intérêt personnel eût rendu odieux ce qui n'était que juste; et il voulait se mettre au-dessus du soupçon. Il fit donc appeler Valverde, lui confia la captive, et lui remit le soin de la mener sur le vaisseau. Le même jour il fit savoir au commandant du fort que sa sœur était prisonnière, qu'il lui avait donné son vaisseau pour asile, que tous les égards, tous les soins qui pouvaient adoucir le sort d'une captive, il les aurait pour elle ; mais qu'un devoir encore plus saint que la reconnaissance lui défendait de la lui rendre, à moins que, renonçant lui-même à une résistance inutilement obstinée, il ne le reçût dans le fort.

Dès que les héros mexicains s'étaient aperçus de l'absence d'Amazili, ils en avaient poussé des cris de douleur et de rage. Ils la cherchaient des yeux, ils l'appelaient, ils parcouraient toute l'enceinte du rempart qui les séparait d'elle, prêts à s'élancer à travers mille morts, s'ils avaient entendu ses cris. L'un d'eux, et c'était son époux, osa même sortir du fort et la chercher dans la campagne. Enfin, désespérés, et la croyant perdue, ils la pleuraient ensemble, lorsque l'envoyé de Pizarre leur annonça qu'elle vivait. Leur premier mouvement fut donné à la joie ; mais cette joie était trompeuse : la douleur la suivit de près.

Amazili dans l'esclavage et au pouvoir des Espagnols, sans qu'il fût possible de la délivrer, à moins de leur rendre les armes ! C'était un genre de malheur aussi cruel que celui de sa mort. Mais l'indignation, dans le cœur d'Orozimbo, ayant ranimé le courage, il répondit avec fierté que sa sœur lui était bien chère, mais que pour elle il ne trahirait pas un roi son bienfaiteur, son hôte et son ami ; qu'il rendait grâces au chef des Castillans des ménagements qu'il avait pour une princesse captive, mais qu'en lui renvoyant son frère il croyait lui avoir donné un exemple plus généreux.

Lorsque Pizarre entendit la réponse d'Orozimbo, il regarda d'un œil sévère les Castillans qui l'entouraient. « Voyez-vous, leur dit-il, combien ces hommes-là sont au-dessus de nous, et combien auprès d'eux nous sommes vils, méchants et lâches? Apprenons à rougir et à les imiter. » Dès ce moment il résolut de renvoyer Amazili, et de charger Fernand lui-même de la ramener à son frère. Le jour baissait; il crut pouvoir différer jusqu'au lendemain.

Abandonnée à elle-même, la malheureuse se plongea dans l'abîme de sa douleur. Se voir séparée à jamais de son époux et de son frère, ou les voir se livrer eux-mêmes aux meurtriers de leurs parents, aux destructeurs de leur patrie! Ils ne s'y résoudraient jamais; et quand ils pourraient s'y résoudre, en seraient-ils plus épargnés! On avait appris à les craindre; on n'aurait garde de laisser au Mexique de si redoutables vengeurs.

Dans le silence de la nuit, ces réflexions, animées par l'image de sa patrie qui s'offrait sanglante à ses yeux, l'agitèrent si violemment, qu'il n'était rien de plus affreux pour elle que de penser que pour sa délivrance on pût vouloir subir la loi des Castillans.

Mais non, ce n'était pas ainsi qu'Orozimbo et Télasco méditaient de la délivrer. Choisir une nuit sombre, sortir de leurs remparts, attaquer le camp ennemi, périr ensemble, ou pénétrer jusqu'au vaisseau où Amazili était captive, et l'enlever : tel était le digne conseil qu'ils avaient pris du désespoir.

Tous deux brûlaient d'impatience que le jour

éclairât le port. Ils espéraient qu'Amazili paraîtrait sur la poupe, où, du haut des remparts, ils auraient pu la reconnaître. Leur espoir ne fut pas trompé.

Amazili, l'âme encore pleine du trouble de la nuit, attendait sur la poupe que la clarté qui commençait à se répandre fût plus vive ; et cependant ses yeux, à travers le mélange des ombres et de la lumière, se fatiguaient à découvrir le fort qui dominait la mer. D'abord elle croit l'entrevoir ; elle le voit enfin ; et sur le mur elle découvre deux hommes que son cœur lui assure être son époux et son frère. « Ils me cherchent des yeux, dit-elle ; ils ne peuvent vivre sans moi. Je les rendrais faibles et lâches, perfides envers leur patrie, infidèles envers un roi leur bienfaiteur et leur ami. Non, non, je ne mets point ce funeste prix à ma vie ; et si elle est pour eux une honteuse chaîne, je saurai les en délivrer. » Alors, pour fixer leurs regards, elle détache sa ceinture et la fait voltiger dans l'air. L'un des deux, c'est son cher Télasco, répond à ce signal, en faisant voltiger de même le panache de plumes dont il ornait sa tête ; et, lorsqu'elle est bien assurée que leurs yeux, attachés sur elle, observent tous ses mouvements, elle tire une flèche de son carquois, lève le bras, et dit, mais sans espoir d'être entendue : « Adieu, mon frère ! adieu, malheureux Télasco ! Pleurez-moi, surtout vengez-moi, vengez le Mexique. » A ces mots se perçant le sein, elle s'élance dans la mer.

« O ciel ! ma sœur ! Amazili !... C'en est fait. Je

l'ai vue se frapper et tomber. J'ai vu, s'écria Orozimbo, les flots s'ouvrir, se refermer sur elle. Ma sœur, ma chère Amazili n'est plus! Elle n'est plus! et nous vivons! et les monstres qui l'ont réduite à se donner la mort!... Ah! nous la vengerons. Mon frère! mon ami! oui nous la vengerons; c'est notre dernière espérance. » A ces mots, pâles, frémissants, étouffés de sanglots et inondés de larmes, ils s'embrassent l'un l'autre et se laissent tomber; ils se roulent sur la poussière, et leur douleur s'exhale par des frémissements qu'interrompt un affreux silence. Revenus à eux-mêmes, ils forment le projet de sortir dès la nuit suivante, et de porter dans le camp ennemi l'effroi, le carnage et la mort. Hélas! vain projet! La fortune, avant la fin du jour, eut tout changé sur ce rivage.

On vit les peuples des vallées d'Ica, de Pisco, d'Acari, accourir en foule au-devant des Espagnols, leur rendre hommage, et les engager à venir descendre au port de Rimac, sur ces bords où, dans peu, s'éleva la ville des rois. Cette révolution soudaine était l'ouvrage de Mango. Pizarre en profite avec joie : il se rembarque avec les siens ; et les Mexicains, désolés de voir les Castillans se dérober à leur vengeance, reprennent tristement le chemin des hautes montagnes par les champs de Tumibamba.

Ataliba, qui, depuis sa victoire, avait appris l'arrivée des Espagnols, laissait reposer son armée sur les bords du fleuve Zamore ; et alors le soleil, au tropique du nord, ayant atteint cette limite qu'une loi éternelle a marquée à sa course et que jamais il ne franchit, ce fut dans une vaste plaine et au milieu d'un camp nombreux que sa fête fut célébrée. Les peuples y vinrent en foule ; la cour de l'inca s'y rendit du palais de Riobamba, où ce prince l'avait laissée ; la plus chérie de ses femmes, Aciloé, y vint, les yeux encore baignés des larmes que le souvenir de son fils lui faisait répandre, et que le temps ne pouvait tarir.

Toutes les fêtes du Soleil avaient un grand objet de morale publique. Celle-ci, la plus sérieuse et la plus imposante, était la fête de la Mort.

Après le cantique chanté par le pontife, le monarque fit entendre l'éloge des courageux Indiens qui avaient péri pour sa défense : « Nous avons pleuré sur les morts, tout est consommé, reprit-il. Laissons le passé qui n'est plus, et ne pensons qu'à l'avenir, qui, pour nous, est un nouvel être. Des brigands, les fléaux des bords où ils descendent, viennent d'arriver à Tumbès. Je crois avoir mis cette ville en état de les occuper. Des héros la défendent, mais ce n'est point assez, demain je vole à son secours. Peuples, c'est là que nous appellent des dangers dignes d'éprouver le plus intrépide courage. Vous allez voir des animaux rapides porter l'homme dans les combats ; vous allez voir l'image du terrible Illapa dans les armées de ces brigands. Ils ont su donner à la mort un appareil épouvantable. Mais ce n'est jamais que la mort ; et vous venez d'entendre si la mort est à craindre. Du reste, ces brigands sont périssables comme nous, et ils sont en si petit nombre, que, si vous les enveloppez, ils seront au milieu de vous comme les feuilles agitées par le tourbillon des tempêtes. Voilà, poursuivit-il en leur montrant Alonzo, celui qui sait comment on peut les vaincre ; c'est à lui de vous commander. »

Ainsi parlait Ataliba, et il inspirait son courage. Mais sur la fin du jour il voit arriver dans son camp les guerriers mexicains qui lui racontent leurs disgrâces. Ils lui apprennent que Mango, réduit au désespoir, suppose et fait répandre parmi les Indiens un oracle du roi son père, lequel, en mourant, a prédit l'arrivée des Castillans, et recommandé à ses peuples d'aller au-devant d'eux et de les adorer; que Mango, à l'appui de cette opinion, a lui-même donné l'exemple, et envoyé une ambassade au général des Castillans, pour implorer son assistance en faveur du roi de Cusco contre l'usurpateur du trône des incas, l'exterminateur de leur race, l'oppresseur de l'inca son frère, captif dans les murs de Cannare.

Les mêmes nouvelles arrivaient de tous côtés en même temps, et se répandaient dans l'armée ; l'inquiétude et la frayeur s'emparaient de tous les esprits, quand le cacique de Rimac vint remettre à l'inca des lettres dont le général espagnol l'avait chargé pour Alonzo. Pizarre, en lui envoyant la lettre de Las-Casas, lui écrivit lui-même en ces mots :

11.

« Mon cher Molina, si vous aimez votre patrie, voici le moment de lui épargner les crimes. Si vous aimez les Indiens, voici le moment de leur épargner des malheurs. Vous n'avez pas connu l'ami que vous avez abandonné. Ce qui vous affligeait m'affligeait encore plus moi-même. Mais sans titres et sans pouvoir pour me faire obéir et craindre, je dissimulais malgré moi ce que je ne pouvais punir. J'ai fait depuis un voyage en Espagne. J'en arrive enfin revêtu de toute la puissance de notre invincible monarque. Ce jeune prince aime les hommes. Il veut qu'on use d'indulgence et de ménagement envers les Indiens. Il m'a recommandé pour eux les soins et la bonté d'un père. Heureux si je remplis ses vues! soyez bien sûr que mon penchant est d'accord avec mon devoir. Mais vous savez combien l'autorité commise s'affaiblit dans l'éloignement, et avec quelle précaution je dois en user sur des hommes violents et déterminés. Dans le nombre il en est dont l'âme est désintéressée, le cœur sensible et généreux; il est aisé de les conduire. Mais la foule est aveugle, inquiète, et surtout avide; et c'est elle, je vous l'avoue, que je crains de voir m'échapper. Mon ami, je n'en réponds plus si les hostilités l'irritent. Un doux accueil de la part de vos peuples est le seul moyen d'établir la concorde et l'intelligence. C'est à vous de me seconder en y disposant les esprits. Je vois la moitié de l'empire empressée de s'unir à moi. J'ai plus de force qu'il n'en fallait pour répandre ici le ravage; mais sans vos bons offices je n'en ai pas assez pour maintenir l'ordre et la paix. Je marche vers Cassamalca, où l'inca de Quito a, dit-on, rassemblé ses forces. On lui impute bien des crimes ; mais seriez-vous l'ami d'un tyran ? Je ne le puis penser ; et votre estime est son apologie. Venez au-devant de moi. Nous nous concerterons ensemble pour conquérir sans opprimer.

« Las-Casas, votre ami, et je puis dire aussi le mien, le vertueux Las-Casas, que j'ai laissé mourant à l'île Espagnole, a voulu vous écrire. Je vous envoie sa lettre. Je crains bien, mon cher Alonzo, que ce ne soit un dernier adieu. »

La douleur dont Alonzo avait été saisi en lisant ces mots, redoubla lorsqu'il jeta les yeux sur la lettre de Las-Casas.

« Si vous vivez, mon cher Alonzo, si vous êtes encore parmi nos Indiens, et si Pizarre vous retrouve sur les bords où il va descendre, recevez de sa main ce tendre et dernier gage d'une sainte amitié. Je suis mourant. Je n'ai vécu que pour gémir. Dieu a permis que, dans le court espace de ma vie, j'aie vu sous mes yeux tous les crimes et tous les malheurs rassemblés. Quel regret puis-je avoir au monde ?

« Je vous ai confié mes craintes sur l'entreprise de Pizarre ; elles viennent d'être calmées par les vertus de ce héros. Oui, mon ami, le Ciel a touché sa grande âme. Pizarre pense comme nous. Il sent qu'il est plus beau d'être le protecteur et le père des Indiens, que leur vainqueur et leur tyran. Unissez-vous à lui pour lui concilier leur estime et leur bienveillance : il en est digne comme vous. Adieu. Je crois sentir que mon heure approche. Demain peut-être je serai devant le trône de mon juge ; et s'il m'est permis d'implorer sa clémence, ce sera pour ces Espagnols qui l'adorent et qui l'outragent; ce sera pour ces Indiens égarés dans l'erreur, mais simples, doux et bienfaisants, qu'il a créés, qu'il aime, et qu'il ne veut pas rendre éternellement malheureux. Protégez-les, voyez en eux mes plus chers amis, après vous, que j'aimerai au delà du tombeau. »

Cette lettre fut arrosée des larmes de l'amitié. Alonzo la baisa cent fois avec un saint respect. Ataliba ne put l'entendre sans partager l'émotion, l'attendrissement du jeune homme. « Quel est donc, lui demanda-t-il, ce Las-Casas, cet homme juste?

— Ah! dit Alonzo, demandez à ce cacique et à son peuple. » Ce cacique était Capana. Il avait entendu la lecture de la lettre de Las-Casas ; et appuyé sur sa massue, ses yeux baissés fondaient en pleurs. « Ce n'est pas un homme, dit-il ; c'est un être céleste, envoyé de son Dieu pour adoucir les tigres et pour consoler les hommes. Nous l'aurions adoré s'il nous l'avait permis. »

Ce témoignage, mais surtout celui d'Alonzo, l'emporta sur les impressions terribles que l'exemple de Montezume et tous les malheurs du Mexique avaient pu faire sur l'âme d'Ataliba. « Je m'abandonne à vous, dit-il à son fidèle Alonzo. Allez au-devant de Pizarre ; assurez-vous de ses intentions ; et, s'il est tel qu'on vous l'annonce, répondez-lui de la droiture et de la bonne foi d'un prince votre ami, qui désire d'être le sien. »

Des Indiens chargés des plus magnifiques présents formaient le cortége d'Alonzo, et ces richesses disposèrent favorablement les esprits. Mais telle était la soif de l'or qui dévorait les Castillans, que ce qui aurait dû l'apaiser l'irritait au lieu de l'éteindre.

La conférence de Pizarre avec Alonzo fut l'épanchement de deux cœurs pleins de noblesse et de franchise. Des deux côtés l'état des choses fut exposé avec candeur : Pizarre ne vit dans l'inca de Cusco qu'un excès d'orgueil sans prudence, et dans Ataliba, que la noble fierté d'un cœur sensible et généreux. De son côté, Alonzo reconnut le danger d'irriter dans les Castillans cette soif de l'or et du sang qui n'était jamais qu'assoupie. Il fut réglé que Molina précèderait Pizarre dans les champs de Cassamalca ; que le général espagnol s'avancerait avec ses deux cents hommes, et qu'il laisserait en arrière les Indiens de son parti. Également sûrs l'un et l'autre de leur bonne foi mutuelle, ils s'embrassèrent, et Alonzo retourna au camp indien.

Le roi de Quito l'attendait dans l'impatience. Mais il fut bientôt rassuré ; et il assembla ses guerriers pour leur faire part de sa joie. Les Péruviens se réjouirent ; mais les Mexicains, d'un air sombre et l'œil attaché à la terre, écoutaient en silence les paroles de paix qu'apportait Alonzo. Leur chef, qui croyait voir tomber l'inca dans un piége funeste, voulut l'en garantir, mais ses paroles ne furent pas écoutées.

L'inca, plein de la confiance que lui inspirait Alonzo, n'eût pas même voulu songer à se mettre en défense. Alonzo prit soin d'y pourvoir. Il lui fit un cortége de huit mille Indiens d'une valeur reconnue. A l'aile droite et en avant des tentes de l'inca, il établit les Mexicains avec la même troupe qu'ils avaient commandée. Les sauvages de Capana formaient l'aile opposée, et Palmore avec son armée occupait le centre, et formait une enceinte autour du trône de son roi. « Prince, je fais des vœux au Ciel, dit le jeune homme, pour que la bonne foi préside à cette conférence, et forme entre Pizarre et toi les nœuds d'une solide paix. Si je suis trompé dans mes vœux, si je le suis dans mon attente, je verserai pour toi mon sang. C'est tout ce que je puis. Je n'ai rien donné au hasard; je ne me reproche rien. »

La nuit vint; elle suspendit ce flux et reflux de craintes et d'espérances qu'une incertitude pénible et des pressentiments confus faisaient naître dans les esprits. Mais ces mouvements, apaisés par le sommeil, se renouvelèrent lorsqu'aux premiers rayons du jour on vit de loin la troupe de Pizarre qui s'avançait, et qu'il était aisé de reconnaître au brillant éclat de ses armes. Elle approche; le roi l'attend, élevé sur son trône d'or que soutiennent douze caciques. Les Espagnols, déployés sur deux lignes, dont la cavalerie occupe les ailes, ayant à leur tête Pizarre et vingt guerriers qui, comme lui, montent des coursiers belliqueux, s'avancent d'un pas ferme et grave à la portée du javelot. Pizarre alors commande qu'on s'arrête; et, accompagné de Valverde et de six de ses lieutenants, il se présente avec une noble assurance devant le trône de l'inca.

On fait silence; et, du haut d'un coursier qui l'élève au niveau du trône, le héros castillan parle au roi en ces mots:

« Grand prince, tu sais qui nous sommes ; et plût au Ciel que le nom espagnol fût moins fameux dans ce Nouveau-Monde, puisqu'il ne doit sa renommée qu'à d'horribles calamités. Mais le reproche et la honte du crime ne doivent tomber que sur le criminel ; et si la renommée les a étendus sur l'innocent, elle est injuste, et tu ne dois pas l'être. Si j'en croyais tes ennemis, je te regarderais comme le plus barbare des tyrans; mais tes amis m'ont répondu de ton équité, je les crois. Traite-nous de même ; ou du moins, avant de nous juger, commence par nous connaître, et ne fais pas retomber sur nous les maux que nous n'avons pas faits.

« Lorsque les incas tes aïeux ont fondé cet empire et rangé sous leurs lois les peuples de ce continent, ils leur ont dit: « Nous vous apportons un culte, des arts et des lois qui vous rendront meilleurs et plus heureux. » Voilà le titre de leur conquête. Ce titre est le mien, et comme eux je m'annonce par des bienfaits. Je n'aurai pas de peine à te persuader que nous sommes supérieurs, par l'industrie et les lumières, à tous les peuples de ce monde. Ce sont les fruits de trois mille ans de travaux et d'expérience dont nous venons vous enrichir. Dans vos lois, je ne changerai que ce que tu croiras toi-même utile d'y changer pour le bien de tes peuples; et ces lois, et l'autorité qui en est l'appui, resteront dans tes mains : tes peuples n'auront pas le malheur de perdre un bon roi. Protégé par le mien, tu seras son ami, son allié, son tributaire; et ce tribut, léger pour toi, n'est que le partage d'un bien que vous prodigue la nature et qu'elle nous a refusé. En échange de l'or, nous vous apportons le fer, présent inestimable, et pour vous mille fois plus utile et plus précieux. Nos fruits, nos moissons, nos troupeaux, ces richesses de nos climats; des animaux, les uns délicieux au goût, servant de nourriture à l'homme; les autres, à la fois robustes et dociles, faits pour partager ses travaux; les productions de nos arts, qui font le charme de la vie; des secrets pour aider aux sens et pour multiplier nos forces; des secrets pour guérir et pour soulager nos maux; mille larcins que l'homme industrieux a faits à la nature; mille découvertes nouvelles pour subvenir à ses besoins, pour ajouter à ses plaisirs : voilà ce que je te promets en échange de ce métal, de cette poussière brillante dont vous êtes assez heureux pour ne pas sentir le besoin. Inca, tel est l'accord paisible et le commerce mutuel que mon maître, Charles d'Autriche, puissant monarque d'Orient, m'a chargé de t'offrir. »

Ataliba, le cœur rempli de joie et de reconnaissance, répondit à Pizarre qu'il justifiait bien l'opinion qu'on lui avait donnée de sa droiture et de sa générosité ; qu'à tout ce qu'il lui proposait il ne voyait rien que de juste ; que les montagnes où germait l'or seraient ouvertes aux Castillans, et qu'il ne croirait pas assez payer encore l'amitié d'un peuple éclairé qui lui apportait ses lumières et l'alliance d'un grand roi.

« La plus sublime de nos lumières, reprit le héros castillan, c'est la connaissance d'un Dieu dont la terre, le ciel, le soleil même sont l'ouvrage. Inca, ne t'en offense point, ce bel astre, dont tes aïeux se disaient les enfants, est sans doute la plus frappante des merveilles de la nature ; mais il est lui-même sorti des mains de l'Être créateur, et il ne fait que lui obéir en donnant sa lumière au monde. C'est donc ce Dieu qui, d'un coup d'œil, a prescrit au soleil sa course, à la mer ses limites, son repos à la terre, aux cieux leurs révolutions, à la nature entière ses mouvements divers, son ordre, ses lois éternelles ; c'est lui seul qu'il faut adorer.

— Le Dieu que tu m'annonces, lui répondit l'inca, ne nous était pas inconnu ; il a un temple parmi nous ; ce temple est dédié à celui qui aime le monde. Mais pourquoi cet être sublime ne serait-il pas le soleil ? Cet éclat, cette majesté sont, je crois, bien dignes de lui.

— Inca, lui demanda Pizarre, si, d'une extrémité de ton empire à l'autre, je voyais tous les ans un voyageur aller et revenir sans jamais ralentir sa course, sans se reposer un moment, sans jamais s'écarter d'un pas, le prendrais-je pour le roi du pays, ou pour un de ses messagers? Le Dieu de l'univers n'a point d'heure prescrite ni d'espace déterminé; il est sans cesse et partout présent. Celui qu'obscurcit un nuage, et qui ne saurait éclairer une moitié du globe sans laisser l'autre dans la nuit, n'est point le dieu de l'univers. Autrefois, m'a-t-on dit, tes peuples adoraient la mer, les fleuves, les montagnes. Tout cela, comme le soleil, tient sa place dans la nature, mais tout cela ne fait qu'obéir et servir. Adorons celui qui commande ; et, pour en avoir une idée infiniment trop faible encore, écoute ce que nos sages nous ont depuis peu révélé. Ces hommes, exercés à voir ce qui se passe dans les cieux, sont tous persuadés que le monde où nous sommes n'est pas le seul monde habité ; qu'il en est mille dans l'espace, et que chacune des étoiles est un soleil plus éloigné de nous, fait pour éclairer d'autres mondes. Laisse aller ta pensée dans cette immensité, et vois ces soleils et ces mondes tous soumis à la même loi. Celui qui les gouverne tous, à qui tous obéissent, est le Dieu que j'adore. Juge combien ce Dieu est encore au-dessus du tien.

— Tu me confonds, mais tu m'éclaires, dit l'inca. Je commence à croire qu'on avait trompé mes aïeux.

Dis-moi seulement si ton Dieu est juste et bon, et si sa loi fait à l'homme un devoir de l'être.

— Il est, répondit Pizarre, la justice et la bonté même, et l'unique devoir de l'homme est de lui ressembler.

— Je ne te demande plus rien, reprit l'inca. Viens nous instruire, nous éclairer de ta raison, nous enrichir de ta sagesse ; et sois sûr de trouver des cœurs dociles et reconnaissants. »

Ainsi tout semblait s'aplanir, lorsque le fourbe et fougueux Valverde donne aux Espagnols le signal dont ils étaient convenus.

A l'instant, par un feu rapide et meurtrier, l'arquebuse annonce la guerre, et donne le signal du plus noir des forfaits. Le bataillon s'ouvre, et du centre l'airain gronde et vomit la mort. Au bruit de ces volcans d'airain qui s'embrasent et qui mugissent, au massacre imprévu que d'invisibles coups font devant le trône du roi, il se trouble ; il voit à ses pieds sa garde, éperdue et tremblante, se serrer pour toute défense, et périr sous ses yeux, comme un troupeau timide, au milieu duquel le feu dévorant de la foudre serait tombé. L'inca leur avait défendu toute espèce d'hostilité, et ils observaient sa défense. Alonzo, furieux, les presse de le suivre et de fondre en désespérés sur cette troupe d'assassins. « Vengez-vous, vengez-moi des traîtres qui déshonorent ma patrie. Défendez, sauvez votre roi. » Le vaillant jeune homme, à ces mots, se sent blessé; il tombe. L'inca le voit tomber et pousse des cris lamentables.

« C'est à nous, dit Orozimbo, d'exterminer ces monstres. Suivez-moi, mes amis, et emparons-nous de leurs foudres. » Il dit, et, à la tête des princes de son sang et de ses deux mille Indiens, il marche sans détour vers ces bouches brûlantes qui tonnent devant lui; il ne les entend point. Ses amis écrasés l'inondent de leur sang; les lambeaux de leur chair, les débris de leurs os tombent sur lui de toutes parts; sa fureur l'aveugle et l'emporte. Télasco lui reste et le suit. Amis fortunés! ils vont tête baissée se jeter sur la batterie : une explosion formidable les met en poudre; ils disparaissent dans un tourbillon de fumée, et de leur brave et malheureuse troupe, le glaive castillan moissonne ce que le feu n'a pas détruit.

Ce désastre épouvantable, et aussi prompt que la pensée, ne décourage ni Palmore, ni Capana; tous deux s'avancent pour envelopper l'ennemi. Mais c'est dans ce moment que partent avec une fougue indomptable les deux escadrons castillans. Les chefs, ne pouvant retenir la fureur du soldat, s'y laissent emporter. Ils volent à travers un nuage de flèches. Les chevaux en sont hérissés; mais, furieux comme leurs guides, ils enfoncent les bataillons, bondissent à travers les lances, écrasent une foule d'Indiens terrassés, et le fer, trempé dans le sang, redouble cet affreux carnage.

De la garde d'Ataliba, six mille hommes sont massacrés; tout le reste va l'être. Ceux qui portent le trône ont à peine le temps de se succéder; tous périssent, et le mourant tombe soudain sur le mort qu'il a remplacé. Pizarre, qui, pour retenir une rage effrénée, s'était jeté à travers ses soldats, sans pouvoir ni se faire entendre ni se faire obéir, ne voit plus qu'un moyen de sauver la vie à l'inca. Il se met lui-même à la tête des meurtriers, il les devance, pénètre, arrive jusqu'au trône, écarte d'une main le fer qui va frapper Ataliba, et dont il est blessé lui-même, de l'autre main saisit ce prince, l'entraîne, le jette à ses pieds, et, en le gardant, il s'écrie : « Qu'on le prenne vivant pour avoir ses trésors. » Ce mot en impose à la rage.

Pâle, troublé, hors de lui-même, le roi tombe, et se voit baigné dans les flots de sang indien. Il reconnaît le corps de ses amis, brisés, meurtris, percés de coups; il les embrasse avec des cris si douloureux, que leurs bourreaux en sont émus. Dans la foule il découvre Alonzo. « Cher et funeste ami! tu m'as perdu, dit-il; mais on t'a trompé : ton malheur est d'avoir eu l'âme d'un Indien. » A ces mots, s'étant aperçu qu'Alonzo respirait encore : « Ah! cruel, dit-il à Pizarre, sauve du moins celui qui m'a livré à toi. »

Pizarre les fait enlever l'un et l'autre; il charge Fernand de les garder, d'en prendre soin; et lui, s'élançant dans la plaine, il vole et va sauver les déplorables restes de la légion de Palmore sur laquelle on est acharné. Là, Valverde, au milieu du meurtre, la bouche écumante de rage, criait : « Amis, achevez, achevez; l'ange exterminateur vous guide. Ne frappez que de pointe, pour ménager vos glaives. Plongez, trempez-les dans le sang.

— Éloigne-toi, monstre exécrable, lui dit Pizarre, éloigne-toi, ou je te fais vomir ton âme atroce.» Le monstre, épouvanté, s'éloigne en frémissant. « Arrêtez, cruels! arrêtez, crie alors Pizarre aux soldats, ou tournez contre moi vos armes. »

Soit respect, soit épuisement de leurs forces et de leur fureur, ils obéissent; et Pizarre les fait retourner sur leurs pas.

Dans ce jour d'horreurs et de crimes, l'humanité eut un moment. Capana, voyant le combat désespéré, prenait la fuite avec un petit nombre de ses sauvages. Un escadron qui le poursuit va l'atteindre et l'envelopper. Le cacique, désespéré, se tourne, tend son arc, et choisit d'un œil étincelant le chef de la troupe ennemie. C'était Gonzalve Davila. La flèche part et le jeune homme, tombe mortellement blessé. On environne le cacique, on le saisit, et on le traîne aux pieds de Davila pour le déchirer devant lui. Gonzalve entr'ouvre un œil mourant, et reconnaît celui qui l'a tenu en son pouvoir, celui qui lui a laissé la vie et lui a rendu la liberté. « Est-ce toi, généreux Capana? lui dit-il en lui tendant ses bras tremblants; est-ce de ta main que je meurs? Tu m'avais fait grâce une fois; je respirais par ta clémence; j'étais libre par ta bonté. J'en ai fait un cruel usage ! Le Ciel est juste: il t'a choisi pour m'arracher tes propres dons. Castillans, écoutez-moi, et redoutez, à mon exemple, la main du Dieu qui m'a frappé. Je dois tout à cet

Indien; laissez-moi m'acquitter. Qu'il vive, et qu'il soit libre avec les siens. Viens, mon frère, mon bienfaiteur, mon meurtrier et mon ami, viens, qu'en expirant je t'embrasse. Je devais apprendre de toi la justice et l'humanité » Ces mots furent bientôt suivis de son dernier soupir; et Capana et ses sauvages allèrent chercher au delà des montagnes de l'orient, chez les Moxes, libres encore, ou chez les féroces Antis, qui s'abreuvaient du sang des hommes, un asile contre la rage d'un peuple encore plus inhumain.

CHAPITRE XIII.

Almagre arrive à Panama. — Mort d'Huascar. — Ataliba est étranglé. — Excès auxquels se livrent les Espagnols.— Pizarre meurt assassiné.

Les Espagnols, fatigués de meurtre et chargés de dépouilles qu'ils avaient enlevées du camp des Indiens, s'étaient presque tous rassemblés dans les murs de Cassamalca. Les uns, c'était le petit nombre, retirés en silence, honteux et consternés, se reprochaient le sang qu'ils venaient de répandre. D'abord, pour éviter la honte d'abandonner leurs compagnons, ils avaient cédé à l'exemple; mais l'honneur satisfait les avait livrés au remords. Les autres, animés par les discours du séditieux Valverde, s'applaudissaient de leur conduite et se disposaient à tout entreprendre contre leur chef.

Ce soulèvement des esprits s'accrut encore à l'arrivée de Pizarre. Rangés sur son passage, ses soldats ne lui marquent ni crainte, ni confusion; ils le regardent d'un œil fixe, prêts à se révolter s'il lui échappe un mot de colère et d'emportement. Plus loin, Valverde, environné de séditieux, lui montre encore plus d'assurance, et, d'un front où l'audace est peinte, soutient ses regards menaçants. Pizarre traverse la foule en gardant un morne silence. Il demande où est Ataliba. On le conduit à sa prison; et là, autour de ce malheureux prince, il voit un petit nombre de ses Castillans qui, les yeux fixés à terre, ressemblent moins à des vainqueurs qu'à des criminels condamnés.

Ataliba, dans son malheur, gardait encore assez de fermeté pour n'avoir pas daigné se plaindre. Mais, lorsqu'il voit entrer Pizarre, il se renverse et détourne les yeux avec horreur, il le repousse et se refuse à ses embrassements. « Tu me crois perfide et parjure, lui dit Pizarre; mais regarde, regarde cette main déchirée et sanglante qui t'a sauvé du coup mortel. Est-ce la main d'un ennemi? Je t'ai enlevé de ce trône où vingt glaives t'allaient percer; je t'ai pris pour te dérober à des furieux que je n'avais pu désarmer, que je n'aurais pu retenir. Demande à ces guerriers si, durant ce massacre horrible, je n'ai pas fait, pour l'arrêter, les plus incroyables efforts. Que veux-tu ? Que peut un seul homme ? On m'a désobéi ; on fera plus encore : tout me l'annonce, et je m'y attends. Mais jusque-là sois sûr, malheureux prince, que je protégerai tes jours, même aux dépens des miens.

A ces mots, l'inca le regarde avec des yeux où la colère fait place à l'attendrissement, et il laisse échapper des larmes. « En te voyant, je t'ai aimé, lui dit-il, et mon âme asservie à la tienne t'a soumis jusqu'à ma pensée et jusqu'à ma volonté. Pourquoi donc m'aurais-tu trahi ? pourquoi donc aurais-tu voulu voir massacrer des hommes paisibles qui te recevaient comme un dieu ? Non, non, tu ne l'as pas voulu. Tu pleures ! Viens, embrasse-moi. Ta pitié soulage le cœur d'un malheureux qui t'aime encore. Mais dis-moi : tout est-il détruit ? en est-ce fait de mon armée ?

— J'en ai sauvé tout ce que j'ai pu, lui répondit le héros.

— S'il est possible, reprit l'inca, tire-moi des mains de ces traîtres : leurs cris de joie me déchirent ; leur approche me fait horreur. Épargne-moi l'affreux supplice de les entendre et de les voir. Rassasiés de sang, ils sont affamés d'or ; je veux bien les en assouvir. Je m'engage, pour ma rançon, d'en remplir l'enceinte où nous sommes jusqu'à la hauteur où tu vois que mon bras s'étend. Qu'ils emportent ces richesses pernicieuses, et qu'ils nous laissent vivre en paix.

— Ta cause est la mienne, lui dit Pizarre, et je ferai pour toi tout ce qu'on peut attendre du zèle d'un ami. Donnons à la fureur le temps de s'apaiser, et armons-nous, toi de constance, et moi de résolution. Je te laisse. Je vais prendre soin d'Alonzo, dont l'état m'afflige et m'alarme. »

Pizarre, en sortant de la prison d'Ataliba, se sentait le cœur déchiré; mais un spectacle plus cruel encore l'attendait dans le lieu où expirait Alonzo.

Avant que ce jeune homme fût revenu de la défaillance mortelle où il était tombé, on avait pansé sa blessure. Mais la blessure l'ayant ranimé, il s'était vu au milieu d'une foule de Castillans encore fumants de carnage. Il en frémit d'horreur, et ramassant un reste de force : « Barbares, leur dit-il, osez-vous m'approcher et me rappeler à la vie? Vous me l'avez rendue affreuse. Il est bien temps de vous montrer compatissants et secourables, après vingt mille assassinats commis sur la foi de la paix ! Le Ciel, le juste Ciel ne laissera pas sans vengeance un si exécrable attentat. Ce n'est pas au remords, c'est à votre furie que je vous dévoue en mourant. Je vous connais. Je vois l'orgueil et l'avarice allumer entre vous les feux d'une haine infernale. Armés l'un contre l'autre, vous vous déchirerez comme des bêtes carnassières; vous vous arracherez ces entrailles avides et ces cœurs altérés de sang, que n'ont jamais pu émouvoir ni les larmes de l'innocence, ni les cris de l'humanité. Retirez-vous, brigands infâmes, lâches meurtriers; laissez-moi, laissez-moi mourir. » Et à ces mots, arrachant l'appareil de sa plaie, il le déchira de ses mains.

Pizarre le trouva baigné dans son sang; et les Castillans, indignés, s'éloignèrent à son approche. Alonzo lui tendit les mains, leva les yeux au ciel, comme pour implorer le pardon de sa violence, et rendit le dernier soupir.

A l'instant, Gonzalve Pizarre vient parler en secret au général. « Que fais-tu là, lui dit-il. On conspire, on va se révolter et nommer un chef à ta place. Parais, dissipe ce complot, calme et ramène les esprits, ou nous sommes perdus. »

Pizarre vit les deux écueils qu'il fallait éviter dans ce pas dangereux, la violence et la faiblesse. Il se montra aux portes du palais, y fit assembler ses soldats, et portant sur le front une tristesse majestueuse, il leur dit : «Castillans, vous venez d'égorger un peuple innocent et paisible qui se livrait à vous, qui vous comblait de biens, qui révérait en vous ses hôtes, et qui, renonçant à son culte, ne demandait qu'à s'éclairer pour embrasser le culte et la loi des chrétiens. Son roi lui avait interdit toute hostilité envers vous. Loin d'en commettre aucune, il s'est vu massacrer sans avoir tiré une flèche, et avant d'avoir répandu une goutte de votre sang, il est couché sur la poussière à la face du Ciel, du Ciel, votre juge et le sien. Le massacre de vingt mille hommes, fût-ce vingt mille criminels, serait affreux à voir; combien plus il doit l'être quand ce sont vingt mille innocents! Leur roi vous demande pour eux la sépulture. Accordez-leur cette marque d'humanité; on ne la refuse pas même à ses plus cruels ennemis. »

Au lieu des plaintes, des reproches, des menaces, qu'on attendait d'un chef justement irrité, ce langage si modéré fit une impression profonde. Les soldats répondirent qu'ils ne refusaient pas d'ensevelir les morts, si ce qui restait d'Indiens dans les villages d'alentour voulaient s'y employer avec eux. « Ils vous aideront, dit Pizarre : demain, dans ces plaines sanglantes, ils seront assemblés au point du jour. Allez vous reposer : vous devez être fatigués de meurtre. »

Dès ce moment tous les esprits, frappés de ce tableau funèbre, se sentirent glacés d'horreur. La nature insensiblement a repris ses droits; et le remords se saisit du cœur des coupables.

Il ne restait dans les villages que des vieillards, des femmes, des enfants. Pizarre leur fit commander de venir, dès l'aube du jour, aider à inhumer les morts. Tous ces malheureux obéirent. Dès que la lumière naissante put éclairer les travaux de la sépulture, les Castillans virent ces femmes, ces enfants, ces vieillards, consternés et tremblants, se rendre à ce triste devoir. Leur douleur profonde et muette, leur pâleur, leur abattement, portèrent la compassion dans les âmes les plus farouches. Mais lorsque les yeux reconnurent dans la foule des morts ceux qui leur étaient chers, qu'on les vit se jeter avec des cris perçants sur ces corps sanglants et glacés, les serrer dans leurs bras, les arroser de leurs larmes, coller leurs bouches sanglotantes, tantôt sur les lèvres livides, tantôt sur la plaie entr'ouverte d'un époux, d'un père ou d'un fils, les meurtriers ne purent soutenir ce spectacle sans jeter eux-mêmes des cris de douleur et de repentir. L'assassin du père embrassait les enfants; des mains trempées dans le sang du fils et de l'époux retiraient l'épouse et la mère de la fosse où elles voulaient s'ensevelir avec eux. C'est ainsi que fut varié, durant ce jour lamentable, le long supplice du remords.

De retour à Cassamalca, les Castillans, le front baissé, les yeux attachés à la terre, le cœur abattu et flétri, se présentent devant Pizarre. « En est-ce fait? demanda-t-il, et cette malheureuse terre a-t-elle caché dans son sein jusqu'aux traces de nos fureurs?

— Oui, c'en est fait.

— Eh bien! reprit le général, hommes insensés et cruels, vous l'avez donc vu, ce carnage dont la nature a dû frémir! c'est vous qui l'avez fait... Mais non, s'écria-t-il, ce crime abominable et le plus noir et le plus atroce qu'ait jamais inspiré la rage des enfers, ce n'est pas vous que j'en accuse; en voilà l'exécrable auteur. C'est lui, c'est le tigre affamé, cette âme hypocrite et féroce, c'est Valverde, qui, par vos mains, a versé des torrents de sang. Chargez-le donc seul des forfaits dont son imposture est la cause; et, comme une victime impure, qu'il aille, loin de nous, dans quelque île déserte, expier, s'il le peut, vingt mille assassinats dont le traître a souillé vos mains. Que les vautours et les vipères rongent ce cœur dénaturé, ce cœur digne de les nourrir. »

Valverde alors voulut parler et se défendre. « Misérable ! lui dit Pizarre en le saisissant avec force et en le traînant à ses pieds, je te laisse pour ton supplice une vie odieuse ; mais va la traîner loin de nous, en horreur au ciel, à la terre et à toi-même, s'il te reste un cœur capable de remords. » A ces mots prononcés du ton d'un juge inexorable, les plus hardis des amis de Valverde n'osèrent prendre sa défense. On le saisit pâle et tremblant ; et l'ordre à l'instant fut donné pour s'en délivrer à jamais.

« Enfin, reprit le général, nous voilà rendus à nous-mêmes, et la raison, l'humanité, la gloire, vont présider à nos conseils. Le roi demande à payer sa rançon, et vous serez épouvantés du monceau d'or qu'il offre de faire accumuler dans la prison qui le renferme. Castillans, je vous l'ai promis : vos vaisseaux s'en retourneront chargés de richesses immenses. Mais, au nom du Dieu qui nous juge, au nom du roi que nous servons, plus de cruauté : faisons grâce au moins à des peuples soumis. »

Dès lors on ne fut occupé que des promesses d'Ataliba. Ce roi, conservant dans les fers une égalité d'âme qui tenait le milieu entre l'orgueil et la bassesse, commandait à ses peuples du fond de sa prison, et ses peuples lui obéissaient comme s'il eût été sur le trône. De toutes parts, on les voyait arriver à Cassamalca, les uns courbés sous le poids de l'or, dont ils avaient dépouillé les palais et les temples ; les autres portant dans leurs mains les grains de ce métal qu'ils avaient amassés, et dont leurs femmes et leurs enfants se paraient aux jours solennels. Sur le seuil du palais où le roi était enfermé, ils quittaient leurs sandales, ils baisaient la poussière à la porte de sa prison, et en déposant leur fardeau ils se prosternaient à ses pieds, et ils les arrosaient de larmes. Il semblait que le malheur même le leur eût rendu plus sacré.

On avait tracé une ligne à la hauteur des murs où devait s'élever le monceau d'or qu'il avait promis ; et, quelque amas qu'on eût fait, il s'en fallait encore que l'espace en fût comblé. Le roi s'aperçut des murmures que l'avarice impatiente laissait échapper devant lui. Il représenta qu'il était impossible de faire plus de diligence; que l'éloignement de Cusco était la cause inévitable des lenteurs dont on se plaignait; mais que cette ville avait seule de quoi acquitter sa promesse. On y envoya deux Castillans pour savoir s'il en imposait ; et ce fut dans cet intervalle qu'une révolution funeste acheva de précipiter les Indiens dans le malheur et les Castillans dans le crime.

Almagre avec de nouvelles forces venait de Panama au secours de Pizarre. En débarquant, il avait appris le désastre des Indiens, et tels qu'on voit les restes d'une meute affamée, au son du cor qui leur annonce que le cerf est aux bois, oublier la fatigue et redoubler leur course, haletants de joie et d'ardeur, tels, pour avoir part à la proie, Almagre et ses compagnons s'avançaient vers Cassamalca. Sur sa route, il rencontre ce fourbe et fanatique Valverde, qu'une sûre escorte remmenait au port de Rimac. L'état où il le voyait réduit excita sa compassion, et il lui demanda quel crime avait pu causer sa disgrâce. « Le zèle qui fait les martyrs, » répondit le perfide avec cet air simple et tranquille qui annonce la paix du cœur. Il ajouta que, si Almagre voulait l'entendre, il le prenait pour juge, bien sûr d'être innocent et même louable à ses yeux.

Impatient d'en tirer des lumières utiles à ses intérêts, Almagre demanda et il obtint sans peine qu'on permît à ce malheureux de lui parler un moment sans témoins ; et tandis que l'escorte et la nouvelle troupe se livraient à la joie de se trouver ensemble dans un pays dont la conquête les enrichirait à jamais, Valverde, assis auprès d'Almagre, sous l'ombrage d'un vieux cyprès, lui communiquait en ces mots le poison des furies dont lui-même il était rempli.

« Fidèle et généreux ami du plus ambitieux des hommes, ses succès et sa gloire, et son élévation, et l'autorité qu'il exerce, et la faveur dont il jouit, il vous doit tout : votre fortune s'est épuisée à lui armer des flottes; votre courage a soutenu, a relevé le sien, que lassaient les obstacles et que rebutait le malheur. Nous vous avons vu, à travers les tempêtes et les écueils, passer, repasser sans relâche du port de Panama sur ces bords dangereux, où sans vous il allait périr, et, par des secours imprévus, nous rendre à tous la vie et l'espérance. Sans vous, il n'eût été célèbre que par une imprudence aveugle, ou plutôt il serait encore dans sa première obscurité. Vous allez voir quelle reconnaissance il réserve à tant de bienfaits. Il a été à la cour d'Espagne : il a obtenu de l'empereur les grâces les plus signalées, les honneurs les plus éclatants; mais pour qui? pour lui seul. Avez-vous vu ses titres? y êtes-vous seulement nommé? A-t-il pensé à demander son ami, son associé, le créateur de sa fortune, au moins pour commander sous lui? Ce n'est pas oubli; non, Pizarre ne vous a point oublié; il vous craint. Il veut régner; et un lieutenant tel que vous eût gêné son ambition et peut-être obscurci sa gloire. Apprenez ce qu'il a grand soin de dérober à tous les yeux, mais ce que j'ai su découvrir. L'étendue de sa puissance dans ces climats n'est pas sans bornes, et ses titres ne lui accordent que la moitié de cet empire, coupé en deux par l'équateur. La ville impériale, la superbe Cusco, est au delà de ses limites; et le premier qui oserait lui en disputer la conquête y aurait autant de droits que lui. Pizarre l'a prévu, et sur le vain prétexte de la rançon d'un roi son allié, qu'il feint de tenir prisonnier dans les murs de Cassamalca, il fait enlever de Cusco tous les trésors qu'elle renferme. Allez, Almagre, allez le trouver; mais surtout gardez-vous de lui rappeler ni vos bienfaits, ni ses promesses ; gardez-vous de prétendre au partage de l'or qu'il fait accumuler: c'est la rançon d'un Indien que, sans vous, on a fait captif ; vous n'avez point de droit au partage, et Pizarre l'a déclaré. »

A ces mots, l'orgueil et l'envie s'allumèrent dans le cœur d'Almagre ; mais il feignit de douter encore que son ami pût être ingrat. « Comment ne trahirait-il pas l'amitié, la reconnaissance? reprit le fourbe ; il trahit bien son roi, sa patrie et son Dieu. » Alors il répéta toutes les calomnies dont il avait chargé le héros castillan. « Et savez-vous, ajouta-t-il, quel est ce roi, l'ami, l'allié de Pizarre? Un usurpateur, un perfide qui a fait égorger sans pitié la race des incas, qui s'est baigné dans le sang des peuples de Cusco, a chassé son frère du trône, l'a fait charger de chaînes et le tient enfermé dans la plus étroite prison. C'est là ce que nous ont appris les Indiens de ces vallées, qui, sous le joug d'Ataliba, pleurent le malheur de leur roi.

— Et où est la prison de ce roi? lui demanda l'ambitieux Almagre.

— Elle est, répond Valverde, dans le fort de Cannare, ville située sur la route de Quito à Cassamalca.

— Allez, c'en est assez, dit Almagre ; rendez-vous au port de Rimac. Vous n'en partirez point sans y avoir reçu des marques de reconnaissance d'un homme qui hait les ingrats, et qui ne le sera jamais. »

Almagre, qui dès ce moment devint le plus mortel ennemi de Pizarre, vit que la délivrance de l'inca de Cusco était pour lui un moyen sûr et prompt de se faire un parti puissant et d'enlever à son rival la plus belle moitié de sa conquête. Il prit sa route vers Cannare, où la nouvelle du massacre des Indiens avait répandu la terreur. Il voit les peuples, à son approche, s'enfuir épouvantés; il attaque le fort et menace de ravager, d'exterminer tout sans pitié, si l'on refuse à l'instant même de lui livrer l'inca roi de Cusco, qu'il prend, dit-il, sous sa défense.

Quoique réduit au désespoir, l'intrépide Corambé répond avec fierté qu'Ataliba respire encore, et qu'il n'obéira qu'à lui.

Alors on fit tonner l'artillerie, et les portes de la citadelle commencèrent à s'ébranler. A ce bruit, à l'effroi qu'il répand dans les murs, le farouche Huascar s'écrie, transporté de joie et de rage : « Les voilà, mes vengeurs! Qu'il meure au prix de ma couronne! qu'il meure, le perfide, le sanguinaire Ataliba! » Corambé l'entendit, et rendu furieux par l'excès du malheur: « Toi qui préfères, lui dit-il, l'oppression de ces brigands à l'amitié de ton frère, et la ruine de ton pays à la paix qui l'aurait sauvé ; cruel! tu ne jouiras point de ton implacable vengeance. » A ces mots, de la hache dont il était armé, il lui porta le coup mortel.

A peine eut-il frappé, que, voyant Huascar se débattre à ses pieds et se rouler dans une sanglante poussière, il s'effraya du crime qu'il venait de commettre. Éperdu, égaré, il s'éloigne, il commande à ses Indiens de le suivre, et se jette en désespéré dans le bataillon ennemi. Il fut bientôt percé de coups; mais en cherchant la mort il s'ouvrit un passage, et le plus grand nombre des siens put s'échapper; quelques-uns furent pris vivants.

Almagre, impatient d'enlever Huascar, se jeta dans le fort; il y trouva ce roi massacré, baigné dans son sang, luttant contre une mort cruelle, et qui, par des rugissements de douleur et de rage, demandait vengeance. Il le vit expirer; il en fut outré de douleur; et perdant l'espérance de diviser l'empire, il résolut d'ôter à son rival l'appui d'Ataliba, l'appui d'un roi qui, dans les fers, commandait encore à ses peuples. Il fit donc enlever et porter à sa suite le corps de l'inca de Cusco, et se rendit à Cassamalca.

Pizarre le reçut avec l'empressement de l'amitié reconnaissante. Mais à ce mouvement de joie succède un mouvement d'horreur, lorsqu'au milieu des Castillans, aux yeux d'Ataliba lui-même, Almagre fait lever le voile qui couvrait le corps d'Huascar. « Le reconnais-tu? » lui dit-il du ton d'un juge menaçant. Ataliba regarde; il frémit, il recule épouvanté; et jetant un cri de douleur : « O mon frère!

dit-il, le glaive impitoyable n'a donc rien épargné !
ils massacrent les rois ! » A ces mots, soit tendresse,
soit retour sur lui-même et pressentiment de son
sort, il ne peut retenir ses larmes ; les sanglots lui
étouffent la voix. « Tu le pleures, lui dit Almagre,
après l'avoir assassiné !

— Moi !

— Toi-même, perfide, et par la main d'un traître
qui, poursuivi par les remords, est venu tomber
sous nos coups. Pizarre, ajouta-t-il, vous l'avez oublié, ce roi dont les sujets fidèles étaient venus jusqu'à Tumbès vous implorer ; et cependant son ennemi, le meurtrier de sa famille et de ses peuples,
du fond de sa prison, l'a fait assassiner. J'ai vu le
danger qu'il courait, et j'ai volé à sa défense. Je n'ai
fait que hâter sa perte ; et le barbare Ataliba n'a été
que trop bien servi.

— O céleste justice ! s'écrie Ataliba, révolté de se
voir chargé d'un parricide. Moi, l'assassin d'un
frère ! Ah ! cruels ! c'est à vous que sont réservés
ces grands crimes ! c'est pour vous que rien n'est
sacré. Il ne vous manquait plus que ce dernier trait
de noirceur. Vous m'avez lâchement trompé, vous
m'avez attiré dans un piége effroyable ; vous avez
violé la bonne foi, la paix, l'hospitalité, l'amitié,
tout ce qu'il y a de plus saint, même parmi les plus
cruels des hommes. Vous m'avez chargé de liens ;
vous avez mis à prix ma liberté, mes jours ; n'en
est-ce point assez ? Ni les pleurs, ni le sang, ni l'or,
rien n'assouvit donc votre rage ! Pour me porter un

coup plus cruel que la mort, vous m'accusez d'un parricide! Eh! grand Dieu! que vous ai-je fait? Que du bien, dans le moment même que vous nous accabliez de maux? Que me demandez-vous encore? Est-ce mon sang que vous voulez? Il est à vous. Trempez-y vos mains; j'y consens; mais qu'avez-vous besoin de me trouver coupable? Je suis faible, je suis enchaîné, sans défense, abandonné du monde entier. Nous n'avons que le Ciel pour juge; et le Ciel me laisse accabler. Frappez; vous n'avez ni témoins ni vengeurs à craindre. Frappez; terminez mes malheurs, mais épargnez mon innocence. Percez ce cœur sans l'outrager. »

Ces mots, entrecoupés de larmes, avaient ému les Castillans, lorsque Almagre fit avancer les Indiens qu'on avait pris, et qui attestaient le parricide. Ces malheureux tremblaient; ils gardaient le silence, ils ne savaient s'ils devaient dire ou taire ce qu'ils avaient vu; mais, forcés par leur roi lui-même de parler sans déguisement, ils avouèrent que leur chef, le lieutenant d'Ataliba et le gardien d'Huascar, se voyant pressé de le rendre, l'avait tué de sa main. Il n'en fallut pas davantage; et la calomnie, appuyée des apparences d'un complot, fit croire ce qu'elle voulut. Intimidés par les menaces, ces mêmes Indiens laissèrent échapper quelques mots que l'on expliqua dans le sens le plus odieux; et d'un soupçon d'intelligence entre les Indiens de Cannare et leur roi, on fit une preuve formelle de la plus noire trahison. Ataliba fut convaincu, dans l'esprit de la multitude, d'avoir conspiré sourdement contre les Castillans eux-mêmes ; et cent voix s'élevèrent pour demander sa mort.

Pizarre, qui voyait, à travers ces nuages, l'innocence d'Ataliba, eut encore, avec ses amis, le courage de le défendre; mais la haine et l'envie en prirent avantage pour réveiller dans les esprits les soupçons que Valverde avait déjà fait naître ; et, dans ce zèle généreux, on crut voir l'intérêt se déceler lui-même, et l'ambition se trahir.

A la tête des factieux était Alphonse de Requelme, fanatique, sombre et farouche, de meilleure foi que Valverde, mais non moins violent que lui. Almagre, plus dissimulé, ne se déclarait pas de même. Il gémissait avec Pizarre du trouble qu'il avait causé, et se reprochait, disait-il, une imprudence malheureuse. Mais Pizarre, à travers sa dissimulation, s'aperçut trop bien que le fourbe triomphait au fond du cœur.

Cependant le trouble, en croissant, allait allumer la discorde. Ataliba lui-même en excitait les feux par la fierté de sa défense et l'amertume des reproches dont il accablait ses tyrans. Cruellement blessé, son cœur avait repris le ressort que donne au courage l'injure portée à l'excès. Il n'écoutait plus ses amis, qui l'exhortaient à la patience. « Ah! j'ai trop souffert, disait-il ; et pourquoi dissimulerais-je? Si la douceur pouvait toucher ces cœurs farouches, ne seraient-ils pas amollis? Pizarre, ils veulent que je meure, ils veulent perdre ton ami :

je le vois. Mais il est indigne de la vertu calomniée de baisser un front suppliant. »

Trop faible, au milieu d'une troupe de factieux déterminés, pour imposer par la menace, Pizarre se faisait violence à lui-même, et, semblable au pilote surpris par la tempête dans un détroit semé d'écueils, tantôt cédant, tantôt résistant à l'orage, il évitait de se briser. La hauteur ferme et courageuse d'Ataliba, et plus encore l'imprudente chaleur dont le jeune Fernand embrassait la défense de ce malheureux prince, ne faisaient qu'aigrir les esprits. Pizarre commença par éloigner Fernand. Ce fut lui qu'il choisit pour aller en Espagne porter la rançon de l'inca. Le partage en fut annoncé; et il fallut savoir si la troupe d'Almagre serait admise à ce partage. Pizarre le propose. Une rumeur s'élève; et on déclare hautement que, n'ayant pas contribué à la conquête, il n'est pas juste qu'elle en vienne usurper les fruits.

Almagre vit qu'il allait perdre ses nouveaux partisans s'il disputait la proie. « Dissimulons, dit-il aux siens; car c'est un piége qu'on nous tend. » Aussitôt il prit la parole, et dit qu'ils venaient partager des travaux, non pas des dépouilles, et que, dans un pays immense où germait l'or, l'or ne méritait pas de diviser des hommes que l'estime, l'honneur et le devoir unissaient. Le perfide, avec ce langage, eut l'art de tout pacifier. Il s'attacha de plus en plus, par sa modération feinte, un parti nombreux et puissant; et Pizarre, perdant l'espoir de l'affaiblir, chercha, mais inutilement, à le gagner par des largesses. Il fit peser l'or et l'argent qu'on avait entassés, il les distribua; son armée en fut enrichie. La part qu'il avait réservée à l'empereur fut envoyée au port où Fernand devait s'embarquer; et Fernand, pressé de s'y rendre, vint, la tristesse dans l'âme, prendre congé d'Ataliba.

Il avait conçu pour l'inca cette amitié noble et tendre que la vertu dans le malheur inspire aux âmes généreuses : doux appui que le Ciel ménage quelquefois à l'homme juste qu'on opprime, pour l'aider à porter le poids de l'accablante adversité. « Je viens te dire adieu; l'on m'envoie en Espagne : mon devoir m'éloigne de toi, lui dit-il; mais j'emporte avec moi l'espérance de te servir, de te revoir libre, justifié, rétabli sur le trône, et d'y embrasser un héros que j'ai respecté dans les fers.

— Ah! généreux ami, lui dit Ataliba en l'enveloppant dans ses chaînes et en le serrant dans ses bras, vous me quittez! je suis perdu.

— Eh quoi! lui dit Fernand, mes frères, nos amis!

— Ils n'auront pas votre courage; et Pizarre, pour me sauver, ne s'exposera pas à se perdre avec moi. Voyez, ajouta-t-il, cet homme arrogant et superbe, qui paraît engraissé de sang (c'était Alphonse de Requelme), et cet autre qui, d'un œil morne, nous observe (c'était Almagre), ils n'attendent que votre absence pour me faire périr. Nous ne nous verrons plus. Adieu pour la dernière fois. »

Après de si tristes adieux, Fernand se rendit à Rimac. Il y trouva l'implacable Valverde, qui, sous les dehors d'une humilité volontaire, déguisait sa honte et sa rage. Il parut aux yeux de Fernand.

« Trop de zèle a pu m'égarer, lui dit-il, je dois expier tous les maux dont je suis la cause, et quand vous m'aurez exposé dans une île déserte aux animaux voraces, je ne serai pas trop puni. Que le Ciel me donne la force d'expirer sans me plaindre, et je vous bénirai. Mais si cette force me manque, et si le désespoir se saisit de mon âme, elle est perdue. Ah ! laissez-moi la sauver par la pénitence. Qu'avez-vous à craindre de moi ? Proscrit, abandonné, quand je serais méchant, j'ai perdu le pouvoir de nuire. La grâce que j'implore est d'expier mon crime par les plus pénibles travaux ; d'aller parmi les Indiens les plus sauvages de ces bords répandre au moins quelque lumière, quelque semence de la foi. Je ne veux que mourir martyr. » A ces mots, de perfides larmes coulaient de ses yeux hypocrites.

Le jeune homme, simple et crédule comme tous les cœurs généreux, se laissa toucher et séduire. Il lui rendit la liberté ; et le tigre, en rompant sa chaîne, frémit de joie et de fureur.

Les richesses prodigieuses que l'on venait de partager n'étaient qu'une faible partie de la rançon d'Ataliba. Pour remplir sa promesse, on allait enlever cet amas incroyable d'or que la florissante Cusco avait vu, pendant onze règnes, s'accumuler dans le palais des rois et dans le temple du Soleil.

Almagre en frémissait de rage. Cette ville superbe, sur laquelle est fondée son espérance ambitieuse, sera ruinée à jamais; et quand la rançon de l'inca n'épuiserait pas ces richesses, Pizarre en disposerait seul tant que ce roi serait vivant. Ce fut là le grand intérêt qui fit solliciter sa perte et la presser avec ardeur.

D'abord, par de feintes promesses d'user d'indulgence envers lui, on voulut l'engager à faire l'aveu de son crime pour en obtenir le pardon. Mais ce malheureux prince conservant dans les fers la noble fierté de son sang : « C'est aux criminels qu'on pardonne, dit-il, et je suis innocent. » On lui parla de la clémence du prince au nom duquel on allait le juger. « Il en aura besoin, dit-il, pour pardonner ma mort à mes accusateurs ; mais envers un roi son égal, qui ne l'a jamais offensé, sa clémence est inutile. Qu'il soit juste, et je ne crains rien. »

A des esprits frappés de la persuasion que son crime était manifeste, cet orgueil parut révoltant. On s'écria qu'il fût jugé, puisqu'il avait l'audace de demander à l'être ; et ce fut alors que Pizarre fit les plus généreux efforts pour le sauver. Il exposa que le conseil établi dans son camp n'était pas fait pour juger les rois ; qu'un lieutenant d'Ataliba avait pu croire le servir en se chargeant pour lui d'un parricide, sans que ce prince en fût instruit, sans qu'il y eût donné son aveu ; qu'on avait pu de même, à son insu, vouloir tenter sa délivrance, et que, loin d'être criminel, ce zèle était juste et louable ; que la conduite de l'inca, pleine de dignité, de candeur, de droiture, ne laissait aucune apparence aux soupçons qui l'avaient noirci ; mais que, fût-il coupable, c'était à l'empereur qu'il était réservé de lui donner des juges, et qu'il réclamait en son nom ce privilége auguste et saint. Il ajouta que, dans ses lettres à l'empereur, il l'informait de tout ce qui s'était passé, qu'il lui déférait cette cause ; qu'il attendait sa volonté, et que tout serait suspendu jusqu'au retour de Fernand.

Requelme alors prit la parole : « Vous allez informer l'empereur, lui dit-il ; et de quoi ? de votre opinion, sans doute, et de celle d'un petit nombre de vos amis qui, comme vous, ont pu se laisser abuser ? Est-ce donc ainsi, Pizarre, que doit s'instruire une si grande cause ? Et moi je demande que le conseil entende et juge Ataliba, et que le procès, revêtu de l'authenticité des lois, soit déféré au tribunal suprême, où sera décidé le sort de cet usurpateur que vous appelez roi. »

Cet avis parut sage et modéré au plus grand nombre ; et Pizarre, voyant que ses amis eux-mêmes penchaient à le suivre, y céda. Mais comme il avait éprouvé que la nature avait encore des droits sur les cœurs qu'il voulait fléchir, il pensa qu'il fallait d'abord les émouvoir, et, sous un prétexte apparent de prudence et de sûreté, il fit venir de Riobamba la famille du roi captif, pour les rassembler tous dans la même prison.

Ce fut un spectacle en effet bien digne de compassion, que de voir ces enfants, ces femmes arriver, chargés de liens, au palais de Cassamalca. L'innocence dans le malheur est toujours si intéressante! mais lorsque sur le front des malheureux il reste quelque trace de gloire, et qu'on voit dans l'abaissement les objets de l'hommage et de la vénération des mortels, le malheur paraît plus injuste, parce qu'il est plus accablant. Aussi la première impression de pitié à cette vue fut-elle sensible et profonde dans l'esprit de la multitude.

La constance d'Ataliba avait jusque-là dédaigné d'adoucir ses persécuteurs; mais cette âme, que l'infortune avait élevée, affermie, et dont la tranquille fierté défiait les revers, s'abattit tout à coup lorsque, dans sa prison, il vit ses femmes, ses enfants, chargés de chaînes comme lui, se jeter dans ses bras, tomber en foule à ses genoux. Il se trouble, ses yeux se remplissent de larmes; il reçoit dans son sein, avec une douleur profonde, ses épouses et ses enfants; il mêle ses soupirs à leurs plaintes; il oublie que sa faiblesse a pour témoins ses ennemis, ou plutôt il ne rougit point de se montrer époux et père.

Pizarre, observant dans les yeux de ses compagnons attendris la même compassion qu'il éprouvait lui-même, s'en applaudit, et d'autant plus qu'il voyait aussi tomber l'orgueil d'Ataliba; mais pour donner à son courage le temps de s'amollir encore, il ordonna qu'on le laissât seul avec ses femmes et ses enfants.

Ce fut alors que la nature, abandonnée à elle-même, donna un libre cours à tous les mouvements de la douleur et de l'amour. Baigné d'un déluge de larmes, Ataliba voit ses enfants l'environner, baiser ses chaînes, demander quel mal ils ont fait, quel est le crime de leurs mères, et si c'est pour mourir ensemble qu'on les a réunis. Tendre époux et bon père, il jette un regard languissant sur sa famille désolée, et son cœur, oppressé de douleur, de pitié, de crainte, ne répond que par des sanglots.

Le jour fatal arrive, et le conseil est assemblé. Il était formé des plus anciens et des plus élevés en grade parmi les guerriers castillans. Pizarre y présidait, mais Almagre et Requelme étaient assis à ses côtés. Un silence terrible régnait dans l'assemblée. On fait paraître Ataliba, on l'interroge, et il répond avec cette noble candeur qui accompagne l'innocence. On lui rappelle le massacre de la famille des incas; on lui oppose les témoins du meurtre du roi de Cusco, et du projet formé pour l'enlever lui-même du palais de Cassamalca. La vérité fait sa défense. Il leur expose en peu de mots la cause et les malheurs de la guerre civile, ce qu'il a fait pour désarmer l'inflexible orgueil de son frère, ce qu'il a fait pour l'apaiser, même depuis qu'il l'a vaincu. « Si j'avais pu vouloir sa mort, dit-il, c'est lorsqu'il soulevait ses peuples contre moi, et que du fond de sa prison il rallumait les feux d'une guerre impie et funeste, c'est alors que ce crime, utile à ma grandeur et au repos de cet empire, aurait dû me tenter. Je n'ai point méconnu mon sang, je n'ai point voulu le répandre; et si, dans les combats, sans moi, loin de moi, malgré moi, l'aveugle ardeur de mes soldats n'a rien épargné, c'est le crime de celui qui, pour ma défense, m'a forcé de leur mettre les armes à la main. Castillans, ma victoire m'a coûté plus de larmes que tous les malheurs que j'éprouve ne m'en feront jamais verser. Voyez, poursuivit-il, si j'ai rendu mon règne odieux à mes peuples. Je suis tombé du trône; mon sceptre est brisé; tous mes amis sont morts; je suis seul dans les chaînes, avec des femmes et des enfants; on n'a plus rien à craindre, à espérer de moi. C'est là, c'est dans l'extrémité du malheur et de la faiblesse qu'on peut discerner un bon roi d'avec un tyran; c'est alors qu'éclate la haine publique, ou que se signale l'amour. Voyez donc ce que j'ai laissé dans les cœurs, et si c'est ainsi qu'on traite un méchant, un coupable. Ce respect si tendre et si pur, cette fidélité constante, cette obéissance à la fois si profonde et si volontaire, enfin cet amour de mes peuples envers un malheureux captif, voilà mes témoignages contre la calomnie; et je vous demande à vous-mêmes si ce triomphe est réservé pour le crime ou pour la vertu. Ce moment, juge de ma vie, est sous vos yeux, et j'en appelle à lui. Non; quoi que l'on vous dise, vous ne croirez jamais que celui qui de sa prison, dans l'indigne état où je suis, fait encore adorer sa volonté sans force, et voit ses peuples prosternés venir, en lui obéissant, arroser ses chaînes de larmes, ait été, sur le trône, injuste et sanguinaire. Vous m'avez connu dans les fers tel que l'on m'a vu sur le trône, simple et vrai, sensible à l'injure, mais plus sensible à l'amitié. On m'accuse d'avoir tenté ma délivrance et voulu soulever mes peuples contre vous ! Je n'en ai pas eu la pensée ; mais si je l'avais eue, m'en feriez-vous un crime ? Regardez ces plaines sanglantes, voyez les chaînes dont vous avez flétri les mains innocentes d'un roi, et jugez si, pour me sauver, tout n'eût pas été légitime. Ah ! vous n'avez que trop justifié vous-mêmes ce que le désespoir aurait pu m'inspirer. Cependant j'atteste le Ciel que, Pizarre m'ayant donné sa parole et la vôtre de m'accorder la vie, de me rendre la liberté, de faire épargner ma famille, et de laisser en paix le reste de mes peuples infortunés, j'ai mis en lui mon espérance et ne me suis plus occupé qu'à faire amasser l'or promis pour ma rançon. Mon Dieu, qui sans doute est le vôtre, lit dans mon cœur et m'est témoin que je vous dis la vérité. Mais si c'est peu de l'innocence pour vous toucher, voyez mes malheurs. Je suis père, je suis époux et je suis roi. Jugez des peines de mon cœur. Vous m'avez voulu voir suppliant, je le suis, et j'apporte à vos pieds les larmes de mes peuples, de mes faibles enfants, de leurs sensibles mères. Ceux-là du moins sont innocents. »

Ce langage simple et touchant attendrit quelques-uns des juges ; et Pizarre ne douta point qu'il ne les eût persuadés. On fit sortir Ataliba; et les juges s'étant levés, on recueillit les voix.... Quelle fut la douleur de Pizarre et de ses amis en entendant que le plus grand nombre opinait à la mort! Aussitôt ils réclament contre cette sentence inique, et ils rappellent au conseil la parole qu'il a donnée de renvoyer la cause, après l'avoir instruite, au tribunal de l'empereur. Requelme l'avait proposé; tout le conseil y avait souscrit; aucun n'osait désavouer ce consentement unanime; et Ataliba condamné avait du moins l'espérance de passer en Espagne, et d'y être entendu et jugé par un roi. Mais la noire furie qui poursuivait ses jours n'eut garde de lâcher sa proie.

Valverde, échappé de sa chaîne et mis en liberté, revient, la rage au fond du cœur, se déguise, et entre inconnu, au milieu d'une nuit obscure, dans les murs de Cassamalca. C'était l'heure où Almagre avec ses partisans formait ses complots ténébreux. Le fourbe paraît à leur vue.

« Amis, dit-il, que faites-vous? Vous consentez que Pizarre envoie en Espagne un tyran, son ami, votre accusateur, celui qui peut, par ses richesses, gagner la cour et le conseil, celui qui, s'il est écouté, vous dénoncera tous comme de vils brigands, comme de lâches assassins, faits pour le meurtre et la rapine, sans foi, sans pudeur, sans pitié, indignes du nom d'hommes et du nom de chrétiens! Y pensez-vous? Et de quel droit dérober le crime au supplice? Cet usurpateur, ce tyran, ce parricide est convaincu, il est jugé ; pourquoi ne pas exécuter la sentence qui le condamne ? Qu'il meure, et tout est consommé. »

L'atrocité de ce conseil étonne les plus intrépides ; mais Valverde, sans leur donner le temps de balancer : « Il y va, leur dit-il, et de la vie et de l'honneur. Pizarre dort, tout est tranquille, et Requelme, par qui le procès est instruit, a droit de voir Ataliba, de l'interroger à toute heure ; qu'il me fasse ouvrir la prison ; je ne veux, avec lui et moi, que deux hommes déterminés. »

L'importance du crime en fit disparaître l'horreur ; et par un silence coupable on consentit, en frémissant, à ce qu'on n'osait approuver.

La famille d'Ataliba, les yeux épuisés de larmes et le cœur lassé de sanglots, dormait alors autour de lui. Mais ce prince, agité de funestes pressentiments, n'avait pu fermer la paupière. Il entend ouvrir sa prison. Il voit entrer Requelme, et avec lui trois hommes enveloppés de longs manteaux, qui ne laissent voir que leurs yeux, dont le regard lui semble atroce. Un mouvement d'effroi le saisit ; il se lève, et surmontant cette faiblesse il vient au-devant d'eux. « Inca, lui dit Requelme, éloignons-nous : n'éveillons point ces femmes et ces enfants. Il est bien juste que l'innocence repose en paix. »

Ils s'éloignent, et quelques moments après, le lien fatal avait étouffé les derniers soupirs de l'inca.

Ce fut par les cris lamentables de ses enfants et de leurs mères que la nouvelle de sa mort se répandit au lever du jour. Quelques Espagnols en frémirent ; mais la multitude applaudit à l'audace des assassins, et l'on crut faire assez que de laisser la vie aux enfants et aux femmes de ce malheureux prince, abandonnés dès ce moment à la pitié des Indiens.

Pizarre, indigné, rebuté, las de lutter contre le crime, après avoir chargé de malédictions ces exécrables assassins et leurs partisans fanatiques, se retira dans la ville des Rois, qui commençait à s'élever. La licence, le brigandage, la rapacité furieuse, le meurtre et le saccagement furent sans frein ; l'on ne vit plus sur la surface de ce continent que des peuplades d'Indiens tomber, en fuyant, dans les piéges et sous le fer des Espagnols. Des bords du Mexique arriva ce même Alvarado, cet ami de Cortès, ce fléau des deux Amériques. Rival des nouveaux conquérants, il vint se jeter sur leur proie et s'assouvir d'or et de sang. Dans toute l'étendue de cet empire immense, tout fut ravagé, dévasté. Une multitude innombrable d'Indiens fut égorgée, presque tout le reste enchaîné alla périr dans les creux des mines, et envia mille fois le sort de ceux qu'on avait massacrés.

Enfin, quand ces loups dévorants se furent enivrés du carnage des Indiens, leur rage forcenée se tourna contre eux-mêmes. Le cri du sang d'Ataliba s'était élevé jusqu'au ciel. Presque tous ceux qui avaient contribué au crime de sa mort en portèrent la peine ; et tandis que les uns, pris par les Indiens, dans des lieux écartés, expiraient sous le nœud fatal, les autres, justes une fois, s'égorgèrent entre eux. L'exécrable Valverde, en menant une bande de ces brigands à la poursuite des Indiens qui s'étaient sauvés dans les bois, tombe entre les mains des anthropophages; et, brûlé, déchiré vivant, dévoré par lambeaux avant que d'expirer, il meurt, le blasphème à la bouche, dans la rage et le désespoir. Parjure et traître envers Pizarre, Almagre fut puni du plus honteux supplice; et sa lâcheté mit le comble au juste opprobre de sa mort. Pizarre, dont le crime était d'avoir ouvert la barrière à tant de forfaits, Pizarre, trahi par les siens, mourut assassiné. Accablé sous le nombre, il succomba, mais en grand homme qui dédaignait la vie et qui bravait la mort. La guerre, après lui, s'alluma entre ses rivaux et ses frères. Cusco, saccagée et déserte, vit ses plaines jonchées des corps de ses tyrans, et les flots de l'Amazone furent rougis du sang de ceux qu'elle avait vus désoler ses rivages.

FIN.

Tours, imp. MAME.

www.ingramcontent.com/pod-product-compliance
Lightning Source LLC
Chambersburg PA
CBHW062014180426
43200CB00029B/724